ANDIAMO AVANTI!

ANDIAMO AVANTI!

Attualità e racconti

FRANCA CELLI MERLONGHI

FERDINANDO MERLONGHI

PRENTICE HALL, ENGLEWOOD CLIFFS, NEW JERSEY 07632

Library of Congress Cataloging-in-Publication Data

Andiamo avanti! : attualità e racconti / [a cura di] Franca Celli
  Merlonghi, Ferdinando Merlonghi.
     p.   cm.
  ISBN 0-13-036542-4
  1. Italian language—Readers—Italy—Civilization—20th century.
  2. Italy—Civilization—20th century—Literary collections.
  3. Italian prose literature—20th century.   I. Merlonghi, Franca.
  II. Merlonghi, Ferdinando.
  PC1127.C5A5 1992
  458.6'421—dc20   91-21103
                                                                                  CIP

Acquisitions Editor: Steve DeBow
Editorial/production supervision and interior design: Marina Harrison
Copy Editor: Teresa Chimienti
Cover Art: Michelle Barnes
Cover Design: Barbara Singer
Prepress Buyer: Herb Klein
Manufacturing Buyer: Patrice Fraccio

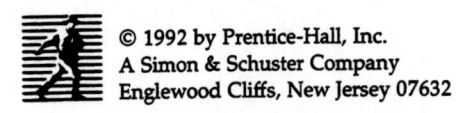

© 1992 by Prentice-Hall, Inc.
A Simon & Schuster Company
Englewood Cliffs, New Jersey 07632

All rights reserved. No part of this book may be
reproduced, in any form or by any means,
without permission in writing from the publisher.

Printed in the United States of America
10 9 8 7 6 5 4 3 2 1

ISBN 0-13-036542-4

Prentice-Hall International (UK) Limited, *London*
Prentice-Hall of Australia Pty. Limited, *Sydney*
Prentice-Hall Canada Inc., *Toronto*
Prentice-Hall Hispanoamericana, S.A., *Mexico*
Prentice-Hall of India Private Limited, *New Delhi*
Prentice-Hall of Japan, Inc., *Tokyo*
Simon & Schuster Asia Pte. Ltd., *Singapore*
Editora Prentice-Hall do Brasil, Ltda., *Rio de Janeiro*

Contents

Preface vii

I ASPETTI DELLA VITA 1

1. Mediocrità statistiche *Saverio Vertone*, 3
2. Dove ho visto quel fantasma? *Umberto Eco*, 11
3. Lettera anonima *Giovanni Guareschi*, 18
4. Un vero amico *Massimo Grillandi*, 25

II BUON APPETITO! 39

5. Duemila: Mezzogiorno di pasta *Giampaolo Fabris*, 41
6. Funghi in città *Italo Calvino*, 50
7. Tartufo *Giovanni Arpino*, 60

III LA DONNA MODERNA 73

8. La bionda, la bruna e l'asino *Dacia Maraini*, 75
9. Parlando di donne al volante *Giorgio Schön*, 85
10. Amori d'estate *Carlo Castellaneta*, 92
11. Un codice di bellezza *Gianna Manzini*, 102

IV GENERAZIONI DIVERSE 115

12. Ridiamoci del lei *Camilla Cederna*, 117
13. La caduta di Cafasso *Piero Chiara*, 125
14. Del prendersela coi giovani *Italo Calvino*, 135

Vocabolario, 142

Preface

Andiamo Avanti! is the first intermediate Italian program written in Italy and published in North America. Written by a team of highly successful authors *(Oggi in Italia)*, the program provides students with the opportunity to increase their levels of proficiency while further developing their appreciation for the culture and literature of Italy. The most comprehensive intermediate Italian program published, the Andiamo Avanti program consists of three integrated components which may be used together or separately to afford instructors tremendous flexibility and creativity.

Andiamo Avanti: Attualità e Racconti is a versatile reader comprised of a variety of high interest essays, newspaper and magazine articles *(Attualita)*, and short stories *(Racconti)*. Each of the four sections of the book treats an aspect of contemporary Italian culture. The four subdivisions, *Aspetti della vita, Buon appetito!, La donna moderna,* and *Generazioni diverse,* are each preceded by an introduction to the theme, the reading selections themselves, and their authors.

Andiamo Avanti: Lingua e Cultura offers students a complete review of Italian grammar with a focus on contemporary culture. The text is rich in both contextualized and communicative activities, and high-interest readings. Setting the stage for each thematic chapter is the Premessa, a series of recorded conversations available to the student only on cassette to bolster listening comprehension skills.

The combined **Workbook/Laboratory Manual** augment key topics in **Lingua e Cultura.** The exercises and activities are always meaningful and encourage students to express themselves as creatively as possible.

ADDITIONAL COMPONENTS OF ANDIAMO AVANTI!

Authors Franca and Ferdinando Merlonghi know that students come to intermediate Italian with widely differing skills and abilities. In order to support instructors in meeting the challenge of such divergent student populations, we have created the following supplements, available free upon adoption of **Lingua e Cultura:**

Instructor's Resource Manual
Student Cassette Tapes
Tapescript
Testing Program
IBM Italian Software

ACKNOWLEDGEMENTS

We wish to thank all the people at Prentice Hall who have contributed to the publishing of **Andiamo Avanti!** We particularly thank our editor Steve DeBow, whose suggestions, encouragement and support have made this project possible. We are also indebted to Marina Harrison, our Production and Design editor, whose skills and patience have been outstanding; Julianna Nielsen, our developmental editor, who has reviewed with great care the manuscript; Mary Taucher, our copyeditor; Pamela Marcantonio, our proofreader; and, last but not least, Maria Garcia, who was always there to help and contact us when necessary.

If **Andiamo Avanti!** achieves success, it will be due in large part to the revisions and rewrites which resulted from the help and advice we received from countless colleagues and reviewers. We gratefully acknowledge and thank Cinzia Donatelli-Noble, *Brigham Young University;* Luciano F. Farina, *The Ohio State University;* Fiora Bassanese, *University of Massachusetts at Boston;* Rosa Bellino-Giordano, *Lyons Township High School, La Grange, IL;* Elena Urgnani, *The University of Vermont;* Bonnie Buriel, *Nassau Community College,* Maria R. Vitti-Alexander, *Nazareth College;* Gaetana Marrone-Puglia, *Princeton University;* Silvano Garofalo, *University of Wisconsin, Madison, WI;* Erasmo G. Gerato, *The Florida State University;* Beno Weiss, *Pennsylvania State University;* Fiorenza Weinapple, *Yale University;* Luigi Monga, *Vanderbilt University;* Christopher Kleinhenz, *University of Wisconsin, Madison, WI;* Michael Sherberg, *Washington University, St. Louis;* Barbara Godorecci, *University of Alabama;* Lidia Frazier, *American River College;* Francesca Italiano, *University of Southern California;* Walter Centuori, *University of Nebraska, Lincoln, NE;* Harry Lawton, *University of California, Santa Barbara.*

Credits

Grateful acknowledgment is made for use of the following materials:

TEXT

Saverio Vertone, MEDIOCRITÀ STATISTICHE, in VIAGGI IN ITALIA, RCS Rizzoli Libri, 1988.

Umberto Eco, DOVE HO VISTO QUEL FANTASMA in l'*Espresso*, 12 marzo, 1989, Editoriale l'Espresso S.p.A.

Giovanni Guareschi, LETTERA ANONIMA, in OSSERVAZIONI DI UNO QUALUNQUE, courtesy Alberto e Carlotta Guareschi.

Massimo Grillandi, UN VERO AMICO, in RACCONTI ITALIANI CONTEMPORANEI, Edizioni Scolastiche Mondadori, 1974, courtesy Gabriella Violini, ved. Grillandi.

Giampaolo Fabris, DUEMILA: MEZZOGIORNO DI PASTA, in *L'Espresso Più*, Editoriale L'Espresso, S.p.A., 1989.

Italo Calvino, FUNGHI IN CITTA, in I RACCONTI. Copyright © Palomar, S.p.A., 1991.

Giovanni Arpino, TARTUFO, in RACCONTAMI UNA STORIA, RCS Rizzoli Libri.

Dacia Maraini, LA BIONDA, LA BRUNA E L'ASINO, in LA BIONDA . . . , RCS Rizzoli Libri, 1987.

Giorgio Schon, PARLANDO DI DONNE AL VOLANTE, in *Espresso Sports*, Editoriale L'Espresso S.p.A., 1989.

Carlo Castellaneta, AMORI D'ESTATE in RAPPORTI CONFIDENZIALI, Arnoldo Mondadori Editore, 1989.

Gianni Manzini, UN CODICE DI BELLEZZA, in RACCONTI ITALIANI CONTEMPORANEI, Arnoldo Mondadori Editore, 1987.

Camilla Cederna, RIDIAMOCI DEL LEI in DE GUSTIBUS, Arnoldo Mondadori Editore, 1986.

Piero Chiara, LA CADUTA DI CAFASSO, in DI CASA IN CASA, LA VITA, Arnoldo Mondadori Editore, 1988.

Italo Calvino, DEL PRENDERSELA COI GIOVANI. Copyright © Palomar, S.p.A., 1991.

PART OPENING PHOTOS

PART I: Italian Cultural Institute; Laima Druskis/Photo Archives

PART II: Massimo d'Amato/K & B News Foto Firenze; Giuliano Valsecchi/K & B News Foto Firenze; Italian Cultural Institute

PART III: Courtesy of Alfa Romeo, Distributors of North America; Courtesy of RCS Rizzoli Publishers; Agenzia Giornalistica Italia S.p.A.

PART IV: Sergio/Anna Quaiat; Gino Crovetto; Giuliano Valsecchi/K & B News Foto Firenze

REALIA

p. 7 S. Navarrini/*Il Venderdi di Repubblica*; p. 15 TV Radiocorriere; p. 32 *L'Espresso*, June 2, 1991;

p. 46 *Oggi*; p. 55 and p. 64 Le Masserie di Ferdinando Giordano; p. 79 *Grazia*, Arnoldo Mondadori Editore;

p. 106 *Vogue*, Edizioni Condé Nast, SpA; p. 109 *Donna Moderna*, A. Mondadori Editore;

p. 129 Columbus Organizzazione Viaggi srl; p. 121 Alberto e Carlotta Guareschi

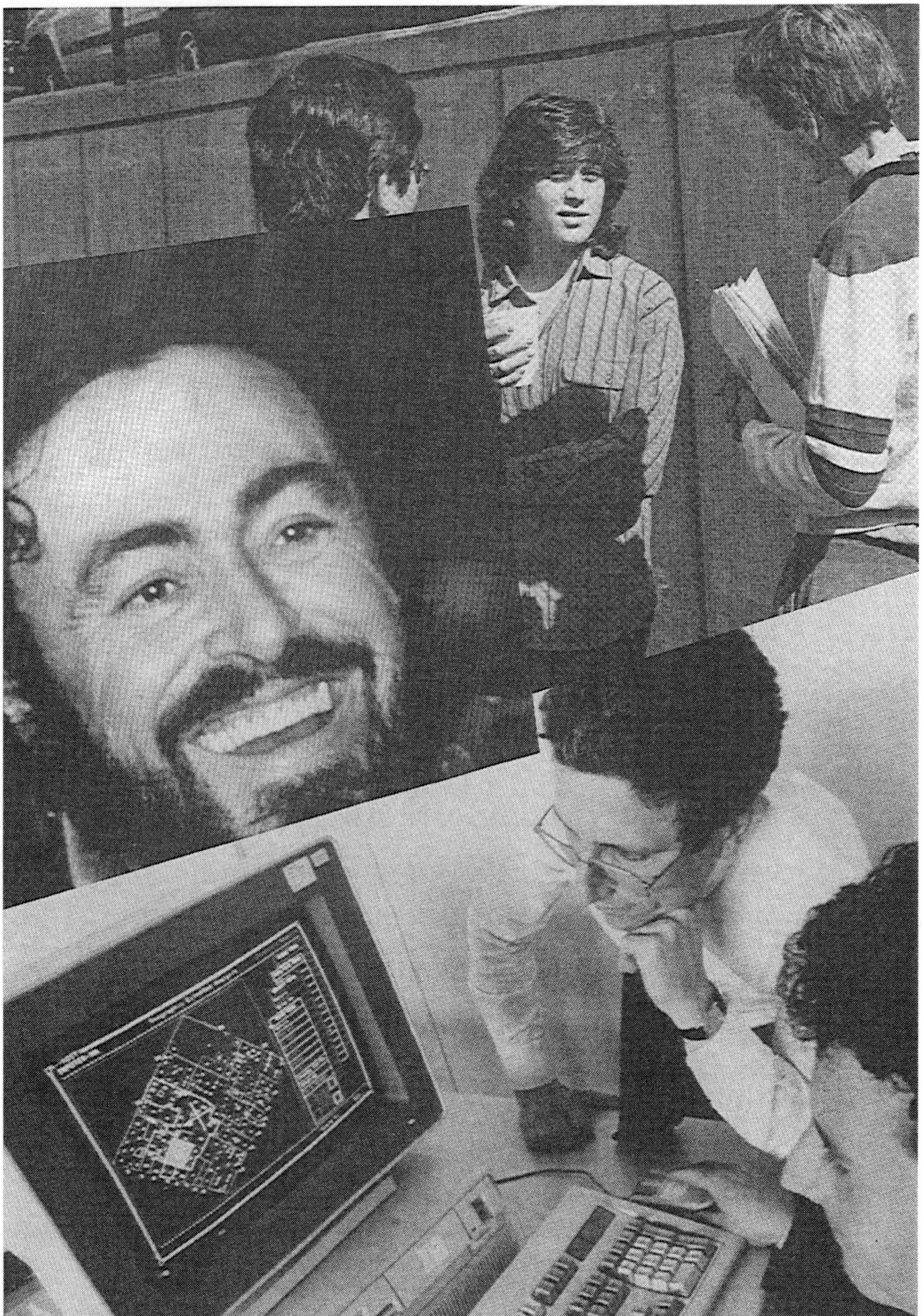

I

ASPETTI DELLA VITA

- ATTUALITÀ   *Mediocrità statistiche,* Saverio Vertone
- ATTUALITÀ   *Dove ho visto quel fantasma?* Umberto Eco
- RACCONTO   *Lettera anonima,* Giovanni Guareschi
- RACCONTO   *Un vero amico,* Massimo Grillandi

Nel corso della sua esistenza l'uomo viene in contatto con aspetti diversi della vita, che a volte possono essere piacevoli o spiacevoli, positivi o negativi. Fin dalla nascita, l'uomo rimane sotto l'influenza delle persone e delle cose che lo circondano. Man mano che cresce, queste persone, cose e attività esterne influiscono sul suo sviluppo intellettuale e culturale. La famiglia, la scuola, l'università, il lavoro, i mezzi di comunicazione e le attività sociali rappresentano solo alcuni punti di riferimento più importanti nella vita dell'uomo.

    Nelle letture e nei racconti che seguono, gli autori descrivono altri aspetti della vita di oggi. Saverio Vertone ci presenta la statistica come mezzo per analizzare le attività e le abitudini dell'uomo medio italiano degli ultimi anni. Umberto Eco ci fa invece pensare e riflettere sull'importanza che i mezzi di comunicazione di massa hanno sulla nostra vita quotidiana e sugli effetti che derivano dal loro uso più o meno corretto ed intenso. Giovanni Guareschi si sofferma invece sopra un aspetto particolare della vita moderna, e cioè l'anonimato. Mentre oggi si cerca di essere sempre più chiari nei rapporti umani e di capire tutto quello che succede, qualche volta è più facile e conveniente non farsi conoscere e scrivere lettere anonime. Infine Massimo Grillandi tratta l'amicizia, un sentimento all'apparenza molto semplice e comune. In realtà l'amicizia è un vincolo profondo e forte che qualche volta viene manipolato a proprio vantaggio e a discapito dell'amico.

1

Mediocrità statistiche

SAVERIO VERTONE

PRIMA DI LEGGERE

Parole ed espressioni

Per facilitare la comprensione della lettura è importante conoscere il vocabolario appropriato e fare gli esercizi che seguono.

l'animatore	*entertainer*
cambiare	*to change*
il contadino	*farmer, peasant*
disporre	*to have at one's disposal*
faticare	*to toil, to labor*
ispezionare	*to inspect*
la lattina	*tin can*
il lustro	*five-year period*
propenso/a	*inclined*
la pubblicità	*advertising*
raccogliere	*to gather*
raggiungere	*to reach*
retrivo/a	*backward*
il rianimatore	*paramedic*
il sacchetto	*bag*
sfuggente	*fleeting*

4 Aspetti della vita

strabiliante	*bewildering*
toccare	*to touch*
umile	*humble*
andare incontro	*to come across*
la sedia a sdraio	*lounge chair*
il tubetto di dentifricio	*tube of toothpaste*

A. **L'italiano medio.** Completi il seguente brano con una parola appropriata fra quelle tra parentesi.

L'italiano _____ (sfuggente, medio) è generalmente molto _____ (vuoto, laborioso). Con le _____ (mediocrità, innovazioni) tecnologiche degli ultimi anni si sono sviluppati dappertutto lavori diversi. L' _____ (immobilità, retrivo) economica del passato non esiste più ed anche il lavoro tradizionale del _____ (sacchetto, contadino) è cambiato. I _____ (animatore, dati statistici) confermano queste osservazioni. Anche la _____ (pubblicità, lattina) ci ha _____ (riportato, abituato) ad un'Italia diversa. Gli Italiani hanno _____ (consultato, raggiunto) oggi un livello economico senza precedenti. Il lavoratore italiano _____ (consuma, cambia) ormai in maniera _____ (strabiliante, retrivo) ogni prodotto offerto sul mercato.

B. **Definizioni.** Combini le seguenti definizioni con le parole o espressioni riportate a destra.

1. il contrario di **triste**
2. una forma di governo
3. togliere la maschera
4. Serve per sedersi comodamente.

a. la lattina
b. la massa
c. la velocità
d. il marxismo

5. È necessario per lavarsi i denti.   e. vuoto
6. il contrario di **liberale**   f. il lustro
7. Contiene la Coca-Cola.   g. la sedia a sdraio
8. un periodo di cinque anni   h. il fascismo
9. È limitata sull'autostrada.   i. conservatore
10. un gran numero di persone   j. mediocre
11. il contrario di **brillante**   k. faticare
12. la dottrina di Carlo Marx   l. smascherare
13. il contrario di **pieno**   m. contento
14. un sinonimo di **lavorare molto**   n. il tubetto di dentifricio

C. **Conoscere le parole.** Completi le seguenti frasi con l'equivalente italiano delle parole in inglese riportate a destra.

1. Il lavoro dell' (a) _____ richiede capacità ed energia.
2. Non tutti sono molto (b) _____ ad usare i (c) _____ di plastica.
3. L' (d) _____ ha (e) _____ il cantiere navale della nostra città.
4. Il (f) _____ di questo villaggio turistico (g) _____ di pochi apparecchi medici e scientifici.
5. Il contadino (h) _____ e laborioso non (i) _____ a molte (j) _____ .
6. L'operatore ecologico (k) _____ tutti i (l) _____ sull'inquinamento.

a. entertainer
b. inclined
c. bags
d. examiner
e. inspected
f. paramedic
g. has at disposal
h. humble
i. comes across
j. surprises
k. gathers
l. data

Mediocrità statistiche

SAVERIO VERTONE

Sull'autore

Saverio Vertone è nato a Mondovì nel 1927 ed è un giornalista che collabora al «Corriere della sera» e all'«Europeo». È anche germanista ed ha tradotto varie opere letterarie tedesche. Un suo libro Viaggi in Italia, *pubblicato nel 1988, ci presenta l'Italia degli anni ottanta; «Mediocrità statistiche», tratto da questo libro, ci mostra alcuni aspetti degli Italiani di questo decennio.*

LETTURA

La storia e la retorica letteraria ci avevano abituato ai grandi italiani e al popolo umile e laborioso. L'economia classica, il fascismo e il marxismo alle classi sociali e alle masse. La sociologia e la pubblicità ci hanno
5 riportato alla matematica, *vale a dire* all'italiano medio.   cioè

Ho viaggiato per qualche mese esclusivamente per identificare e smascherare questo sfuggente italiano medio. Ho faticato molto ma alla fine ho raccolto
10 una *messe* strabiliante di dati mediocri.   quantità

Dunque: è proprio vero che questo italiano medio consuma 10 litri di benzina la settimana e un tubetto di dentifricio *a bimestre,* fuma 13 sigarette al   ogni due mesi
giorno, è alto un metro e settantadue (uno e settanta-
15 cinque, se ha meno di trentacinque anni), legge un libro all'anno, ha un po' meno di un figlio (circa tre quarti di figlio: *per l'esattezza* zero *virgola* settantatré   esattamente/*point*
di figlio) e un po' più di una moglie (1,02 mogli)?

Per esserne sicuro ho ispezionato la piazza
20 Sant'Oronzo di Lecce, visitato accuratamente il supermercato di Reggio Calabria e consultato i consultori di Assisi e di Bassano del Grappa.

L'italiano medio c'è, forse, ma non si vede; come
i trucchi dei prestigiatori. Si vedono (e soprattutto si   *magicians' tricks*

IL SONDAGGIO

NEGLI ULTIMI VENT'ANNI COSA HANNO GUADAGNATO E COSA HANNO PERSO LE DONNE IN ITALIA?

Denaro	+83.0
Potere	+75.7
Libertà sessuale	+74.4
Libertà mentale	+74.3
Sicurezza di sé	+73.4
Stress	+38.3
Femminilità	+16.1
Amore	+9.0
Rapporti famigliari	–0.3

leggono) differenze di professione e di censo.

L'italiano medio non fa più il contadino, l'operaio e *l'impiegato di concetto,* ma il Sales Manager, l'Executive Director, il Promoter New Business, se abita a Milano; l'Animatore, Capo-Villaggio e Capo-Animatore, se abita a Riva del Garda; l'Esanimatore in tutti *i Mattatoi* della Repubblica; il *Disanimato* a Musocco, Staglieno e Redipuglia; il Rianimato in alcune località *balneari;* il Project Engineer e Junior Project Engineer a Roma; il Market Development Manager a Napoli; l'Operatore Ecologico a Palermo; lo Special Account a Vicenza; l'Operatore Forestale a Sibari; l'Intern Auditor a Torino e a Ivrea; il Creativo a Cremona; lo Stilista a Pordenone; il Cantiere *di Carenaggio* a Taranto e la *Gru Portuale* a Genova (dove però ci sono alcuni Containers disoccupati).

L'italiano medio dispone inoltre di 3 sedie a sdraio e mezza, 800 sacchetti di plastica, 30 lattine vuote (Coca Cola, birra, aranciata) che sono a sua esclusiva *disposizione* sui tremilacinquecento chilo-

managing clerk

Slaughter-houses/ Dispirited

di mare

Ship builders Port cranes

disposal

8 Aspetti della vita

⁴⁵ metri di costa. Ha al suo servizio un po' meno di un milionesimo di partito (a scelta tra i quarantacinque grandi, piccoli e piccolissimi). Può dormire a suo piacere in due case e mezza (un decimo delle quali si trovano, sia pure *non del tutto* finite, tra Reggio Cala- ⁵⁰ bria e Trebisacce, sullo splendido Jonio), e può contemplare nel giardinetto della sua seconda casa uno virgola dieci abeti, oppure (a scelta) tre virgola due tuje, o due terzi di *Pinus Nigra Austriaca*.

  completamente

  type of pine tree

L'italiano medio è contento di come gli vanno le ⁵⁵ cose, ma ha paura che la festa finisca da un momento all'altro, *sicché* desidera cambiare tutto *a patto di* non toccare niente, per non andare incontro a sorprese. È più propenso alle innovazioni nel triangolo *compreso* tra Sassari, Tempio Pausania e Carloforte; più conser- ⁶⁰ vatore, anche se aperto al nuovo, sulla linea Civitavecchia-Grosseto; decisamente retrivo a Saluzzo. Non soffre del *complesso di Edipo* ma lamenta ogni tanto un vago complesso di Garibaldi. Infine viaggia sui mezzi pubblici alla velocità commerciale di un ⁶⁵ chilometro all'ora a Torino, di 900 metri al giorno a Roma e di 150 metri l'anno a Napoli. A Palermo riesce a raggiungere e mantenere l'immobilità anche per un lustro.

  perciò/provided that

  situato

  Oedipus complex

(da *Viaggi in Italia*)

DOPO LA LETTURA

A. **Domande.** Risponda alle seguenti domande sulla lettura.

1. Che aspetti della società italiana conosciamo attraverso il fascismo e il marxismo?
2. Quanti dati ha raccolto l'autore? Come sono questi dati?
3. Quanti litri di benzina alla settimana consuma l'italiano medio? Quante sigarette fuma al giorno? Quanti libri legge all'anno?
4. Quali sono alcuni luoghi ispezionati dall'autore durante la sua inchiesta? In quali parti d'Italia si trovano questi luoghi? Secondo lei, perché l'autore li ha scelti?

5. Che attività svolge l'italiano medio in Riva del Garda? E in alcune località balneari? Perché?
6. Quali bevande in lattina consuma l'italiano medio?
7. Quali sono alcune caratteristiche della seconda casa dell'italiano medio?
8. Per chi è più facile spostarsi con i mezzi pubblici, per il torinese o il palermitano?

B. **Comprensione della lettura.** Risponda alle domande indicate per dire di che cosa tratta la lettura.

1. Vari studi presentano un aspetto diverso degli Italiani.
   - Che tipo d'italiano conosciamo attraverso la storia?
   - Quale aspetto dell'Italia conosciamo studiando l'economia classica?
   - Quali studi ci fanno conoscere l'italiano medio?
2. L'autore di questo brano ha voluto scoprire com'è l'italiano medio.
   - Quanto tempo ha girato per l'Italia?
   - Che cosa ha scoperto attraverso le sue osservazioni?
   - Quali luoghi ha visitato?
3. L'autore ha scoperto com'è l'italiano medio.
   - Quant'è alto l'italiano medio?
   - Quanto dentifricio consuma?
   - Quanti figli ha?
4. Nel passato l'italiano medio faceva il contadino, l'operaio o l'impiegato di concetto.
   - Qual è l'occupazione tipica dell'italiano che oggi vive a Milano?
   - Che fa l'italiano medio che abita a Roma?
   - In quale città ci sono molti operatori ecologici?
5. Secondo le osservazioni dell'autore è evidente che le condizioni economiche dell'italiano medio sono migliorate.
   - Quante case ha l'italiano medio?
   - Di quanti chilometri di costa può godere l'italiano medio?
   - Quanti sono i partiti politici a disposizione dell'italiano medio?
6. Sembra che l'italiano medio sia soddisfatto delle sue condizioni.
   - Di che cosa ha paura l'italiano medio?
   - Come sono gli Italiani che vivono a Sassari? E quelli che vivono a

Grosseto? E quelli che vivono a Saluzzo?
- Come sono i mezzi pubblici delle varie città italiane?

C. **L'americano medio.** Insieme a due o tre studenti/studentesse prepari una lista di cinque o sei caratteristiche dell'americano medio. Confronti poi queste caratteristiche con quelle di altri gruppi della sua classe.

D. **Temi di discussione**

1. Discuta le caratteristiche dell'italiano medio.
2. Spieghi la presenza di molti termini inglesi nelle attività di lavoro dell'italiano medio.
3. Discuta il livello economico dell'italiano medio basandosi sui suoi consumi.
4. Faccia un paragone fra le caratteristiche dell'italiano medio e quelle dell'americano medio.

2

Dove ho visto quel fantasma?

UMBERTO ECO

PRIMA DI LEGGERE

Parole ed espressioni

appartenere (a)	to belong (to)
la cavia	guinea pig
il comportamento	behavior
comportarsi	to behave
il fantasma	ghost
fingere (di)	to pretend (to)
incurante	indifferent
ineducato	impolite
noto/a	known
riconoscere	to recognize
riconoscibile	recognizable
lo schermo	(movie) screen
sgradevole	unpleasant
trascorrere	to spend (time)
il volto	face il viso
accanto	near
a lungo	for a long time
da lontano	from afar

12 Aspetti della vita

| di colpo | all at once |
| stare per (+ *infinitive*) | to be about to |

A. **I contrari.** Completi le seguenti frasi con il *contrario* delle parole indicate.

1. Alla televisione non vediamo il mondo **reale,** ma vediamo quello _____.

2. I personaggi televisivi sono _____ a tutti; non sono degli **sconosciuti.**

3. Siccome sono così _____, molti cercano di rendersi **irriconoscibili.**

4. È **educato** salutare la gente, ma è _____ fissarla in faccia.

5. È **gradevole** essere riconosciuti, ma è _____ essere indicati con il dito.

B. **Parole da escludere.** Indichi la parola che non appartiene in ciascuno dei seguenti gruppi.

1. il corpo umano: la faccia, il viso, la cavia, il volto
2. l'uomo: il filosofo, il personaggio, lo schermo, il protagonista
3. il comportamento: aggressivo, radioso, incurante, confuso
4. avverbi: personalmente, normalissimo, amabilmente, professionalmente, naturalmente
5. l'esperienza: esistere, comportarsi, la sindrome, il fantasma, la sensazione

C. **Personaggi celebri.** Completi le seguenti frasi con la forma appropriata dei verbi fra parentesi.

1. Se un personaggio celebre _____ per le vie della città, deve _____ di essere una persona comune. (passeggiare, fingere)

2. Se il personaggio è uno di quelli che _____ gli schermi televisivi, è probabile che la gente comune lo _____. (popolare, riconoscere)
3. Dato che questi personaggi _____ una certa immagine, la gente comune pensa che essi _____ ad un mondo diverso. (proiettare, appartenere)
4. Infatti quando _____ davanti a queste persone, la gente non _____ in maniera normale. (trovarsi, comportarsi)
5. Ma se la gente potesse _____ con attenzione o _____ del tempo con questi personaggi, capirebbe che essi sono persone normalissime. (riflettere, trascorrere)

D. **Conoscere le espressioni.** Completi le seguenti frasi con l'equivalente italiano delle espressioni indicate.

1. Ieri pomeriggio ho visto (a) _____ Luciana ed un uomo che le era (b) _____.
2. (c) _____ andare via quando (d) _____ ho riconosciuto l'uomo. Era il mio amico Sergio.
3. Allora sono andato a salutarlo ed abbiamo parlato (e) _____.

a. from afar
b. near
c. I was about to
d. all at once
e. for a long time

Dove ho visto quel fantasma?

UMBERTO ECO

Sull'autore

Umberto Eco è nato ad Alessandria nel 1932 ed è professore di semiologia all'Università di Bologna. Critico letterario, spesso scrive articoli per riviste e giornali italiani. È uno scrittore molto prolifico e ha scritto vari libri di teoria della semiotica, critica letteraria e

14 Aspetti della vita

critica estetica. Ha scritto vari romanzi, fra cui Il nome della rosa, *che ha avuto un grande successo nel mondo internazionale, e di recente,* Il pendolo di Foucault.

Umberto Eco è uno dei protagonisti della cultura italiana di avanguardia. Un tema che lo interessa molto è quello dei mezzi di massa, in particolar modo la televisione ed il suo impatto sul telespettatore. È di questo tema che tratta l'articolo «Dove ho visto quel fantasma?»

LETTURA

Qualche mese fa mi trovavo a passeggiare per New York quando ho visto da lontano un *tizio* che conoscevo benissimo, e che stava venendo verso di me. Il guaio era che non mi ricordavo dove l'avevo conosciuto e come si chiamasse. È una di quelle sensazioni che *si provano* specie quando in una città straniera si incontra qualcuno conosciuto in patria, o viceversa. Una faccia *fuori posto* crea confusione. E tuttavia quel viso mi era così familiare che certamente avrei dovuto fermarmi, salutare, conversare, *magari* lui mi avrebbe detto subito «caro Umberto, come stai?», e persino «hai poi fatto quella cosa che dicevi?», e io non avrei saputo *che pesci pigliare*. Fingere di non vederlo? Troppo tardi, lui stava ancora guardando dall'altra parte della strada, ma stava giusto volgendo il suo sguardo nella mia direzione. Tanto valeva prendere l'iniziativa, salutare, e poi avrei cercato di ricostruire dalla voce, dalle prime battute.

Eravamo ormai a due passi, stavo per aprirmi a un vasto e radioso sorriso, tendere la mano, quando di colpo l'ho riconosciuto. Era Anthony Quinn. Naturalmente non lo avevo mai incontrato in vita mia, né lui me. In un millesimo di secondo ho fatto in tempo a frenare, e gli sono passato accanto con lo sguardo perduto *nel vuoto*.

Poi ho riflettuto sull'incidente e ho pensato che era normalissimo. Già un'altra volta in un ristorante avevo *scorto* Charlton Heston e avevo avuto l'impulso di salutarlo. Questi volti popolano la nostra memoria, abbiamo trascorso con loro molte ore davanti a uno

persona

si sentono

out of place

forse

cosa fare

in space

visto

schermo, ci sono diventati familiari come quelli dei nostri parenti, e anche di più. Si può essere studioso delle comunicazioni di massa, *discettare* sugli effetti di realtà, sulla confusione tra reale e immaginario, e su
35 coloro che in questa confusione cadono definitivamente, ma non si è immuni dalla sindrome. Solo che *c'è di peggio*.

    Ho ricevuto confidenze di persone che per un ragionevole periodo sono state esposte ai mass media,
40 apparendo con una certa frequenza in televisione.

analyze

there is worse

UN CANE SCIOLTO 2

Torna il grintoso magistrato De Santis in una nuova vicenda: «Giallo, commedia, film giudiziario, ma soprattutto storia di sentimenti», dice il regista. Il magistrato, in missione a Parigi, incontra l'ex moglie e la figlia (a fianco, **Sergio Castellitto**, **Laure Killing** e **Laila Tondi**). Sembra una vacanza, ma rimane sul piano sentimentale e il caso affidatogli rivela retroscena allarmanti. Domani la conclusione.

Non dico Pippo Baudo o Maurizio Costanzo[1], ma anche persone che avevano dovuto partecipare professionalmente a qualche dibattito, abbastanza per diventare riconoscibili. Lamentano tutte la stessa
45 sgradevole esperienza. Di solito, quando vediamo qualcuno che non conosciamo personalmente, non lo

---
[1] **Noti personaggi televisivi**

fissiamo in faccia a lungo, *non lo indichiamo* con il dito ai nostri interlocutori, non parliamo ad alta voce di lui mentre ci può ascoltare. Sarebbero comportamenti
50 ineducati e, oltre un certo limite, aggressivi. Le stesse persone che non indicherebbero con il dito *l'avventore* di un bar, solo per osservare con un amico che ha una cravatta alla moda, invece si comportano in modo assai diverso con i volti noti.

55 Le mie cavie affermano che davanti a una *edicola*, dal tabaccaio, mentre salgono sul treno, entrando in un *gabinetto* al ristorante, si trovano a incrociare altre persone che tra loro dicono ad alta voce: «Vedi, è proprio *il Tale*». «Ma sei sicuro?» «E come no, è
60 proprio lui». E continuano la loro conversazione amabilmente, mentre il Tale li sente, incuranti del fatto che li senta, come se lui non esistesse.

Parlano di lui *per la stessa ragione per la quale* io stavo per salutare Anthony Quinn, perché sono con-
65 fusi dal fatto che un protagonista dell'immaginario *massmediatico* entri di colpo nella vita reale, ma al tempo stesso si comportano di fronte al personaggio reale come se appartenesse ancora all'immaginario, come se fosse su uno schermo, o in fotografia su un
70 *rotocalco*, e loro parlassero in sua assenza.

È come se io avessi afferrato Anthony Quinn per il bavero, l'avessi trascinato a una *cabina* telefonica e avessi chiamato un amico per dirgli: «Ma guarda che caso, ho incontrato Anthony Quinn, sai che sembra
75 vero?» (e poi lo avessi buttato via, *andandomene per i fatti miei*).

I mass media prima ci hanno convinto che l'immaginario fosse reale, e ora ci stanno convincendo che il reale sia immaginario, e tanta più realtà gli schermi
80 televisivi ci mostrano, tanto più cinematografico diventa il mondo di tutti i giorni. *Sino a che*, come volevano alcuni filosofi, penseremo di essere soli al mondo, e che tutto il resto sia il film che Dio o un *genio maligno* ci proietta davanti agli occhi.

(da *L'Espresso*: 12 marzo, 1989).

---

guardiamo attentamente/*we don't point him out*

il cliente

newsstand

bagno

Mr. So-and-so

for the same reason why

mass media

rivista

booth

minding my own business

Finché

spirito cattivo

DOPO LA LETTURA

A. **Comprensione della lettura.** Risponda alle seguenti domande basandosi sul contenuto della lettura.

1. Dov'era l'autore qualche tempo fa? Che cosa faceva? Chi ha visto?
2. Che sensazione ha avuto l'autore quando ha visto questa persona? La conosceva? Come la conosceva?
3. Che era successo all'autore con Charlton Heston?
4. Come ci comportiamo quando incontriamo personaggi televisivi o cinematografici? Perché? Come ci comportiamo davanti alla gente che non ci è nota?
5. Che effetto hanno su di noi gli schermi televisivi? Come sta diventando il mondo?
6. Cosa pensano alcuni filosofi dell'effetto della televisione sui telespettatori?

B. **Minidramma.** Immagini di essere seduto/a in aereo accanto a un noto personaggio televisivo e di conversare con lui/lei. Collabori con un altro studente/un'altra studentessa.

C. **Temi di discussione**

1. Discuta il senso di confusione che proviamo quando di colpo ci troviamo di fronte a personaggi che conosciamo solo attraverso gli schermi televisivi.
2. Analizzi l'influenza della televisione ed il fenomeno del villaggio globale.
3. Discuta i pericoli che corriamo, secondo alcuni filosofi, nel vivere troppo a contatto con il mondo che ci viene presentato alla televisione.

3

Lettera anonima

GIOVANNI GUARESCHI

PRIMA DI LEGGERE

Parole ed espressioni

il cartolaio	*stationer*
il comodino	*night table*
cretino/a	*stupid*
il delinquente	*criminal*
disgraziato/a	*wretched*
egregio/a	*dear* (salutation used in a formal letter)
entrarci	*to have to do with*
il foglietto	*slip of paper*
imbucare	*to mail*
l'impronta	*(finger) print*
il mascalzone	*rascal*
presuntuoso/a	*conceited*
lo scherzo	*joke*
togliere	*to take away*
ad ogni modo	*anyway*

A. **Definizioni.** Abbini ogni parola indicata a destra con la sua definizione giusta a sinistra.

1. C'è quando abbiamo fame.
2. la persona che vende carta, penne, matite, ecc.
3. un piccolo pezzo di carta
4. Li vende il tabaccaio.
5. Le lasciamo sugli oggetti quando li tocchiamo con le mani.
6. con attenzione
7. il contrario di **intelligente**
8. il contrario di **mandare**

a. attentamente
b. il foglietto
c. le impronte
d. ricevere
e. cretino/a
f. il cartolaio
g. l'appetito
h. i francobolli

B. **Uno scherzo.** Completi le seguenti frasi con la forma appropriata delle parole riportate a destra. C'è una parola in più nella seconda colonna.

1. Paolo, il fratellino di Emilia, _____ sempre, ma è un piccolo _____.
2. Gli piace sempre fare _____ di ogni _____.
3. Qualche giorno fa, per esempio, è andato dal _____ e ha comprato una busta grande.
4. _____ è tornato a casa ed ha messo nella busta la foto di un mostro (*monster*) _____.
5. Poi ha scritto una lettera in cui diceva: «Egregia signorina Emilia, come vede sono un uomo _____».
6. «_____ le assicuro che non sono né _____ né _____».

a. comodino
b. presuntuoso/a
c. ignobile
d. mascalzone
e. egregio/a
f. ignorante
g. sorridere
h. imbucare
i. scherzo
j. tabaccaio
k. anonimo/a
l. orrendo/a
m. quindi
n. disgraziato/a
o. boccone

7. «Posso invitarla a mangiare un _____ con me? L'aspetto domani a mezzogiorno al bar Eden».
8. Paolo non _____ la lettera, ma l'ha messa sul _____ della sorella.
9. Quando Emilia ha letto la lettera ha capito che era uno scherzo del fratellino e gli ha detto che era un piccolo _____.
10. Il ragazzino le ha risposto che lui non _____ per niente in tutto questo.
11. Le ha detto anche che lei era una ragazza _____ perché non prendeva seriamente in considerazione la lettera del mostro.
12. La sorella gli ha risposto che è una cosa _____ scrivere lettere _____ e che non si dovrebbero scrivere neppure per scherzo.

p. ad ogni modo
q. entrarci
r. delinquente
s. genere
t. cretino/a

C. **La lettera anonima.** Per completare il seguente brano scelga la parola appropriata fra quelle indicate.

_____ (Attentamente, Certamente) non è piacevole ricevere una lettera anonima. Di solito la persona che riceve questo genere di _____ (comunicazione, impronta) si mette in _____ (comodino, agitazione). Non riesce a calmare i propri _____ (nervi, scherzi) perché la lettera mette _____ (appetito, discordia) e _____ (c'entra, incuriosisce) allo stesso tempo. Chi sarà stato quel _____ (foglietto, mascalzone) che ha avuto il coraggio di fare questo scherzo _____ (egregio, ignobile)? Anche se uno ha la

_____ (fortuna, agitazione) di essere completamente al di sopra di ogni sospetto, ciò non _____ (sorride, toglie) la curiosità di sapere chi è stato l'autore della lettera anonima.

Lettera anonima

GIOVANNI GUARESCHI

Sull'autore

Il giornalista e scrittore Giovanni Guareschi nacque a Roccabianca, in provincia di Parma nel 1908. Ha lavorato come redattore di giornali e come caporedattore del giornale umoristico «Bertoldo» in cui faceva polemiche sulla società e sui costumi italiani. La sua fama è dovuta a romanzi e racconti umoristici e all'invenzione del personaggio di Don Camillo, protagonista di Don Camillo (1948) *e* Don Camillo e il suo gregge (1953). *Le opere di questo autore, morto a Cervia nel 1968, sono conosciute in molti paesi del mondo. «Lettera anonima», un breve schizzo letterario che rivela l'acuto senso umoristico del Guareschi, appartiene alla collezione di racconti* Osservazioni di uno qualunque *pubblicata dopo la sua morte.*

LETTURA

19 agosto
Oggi ho scritto una lettera anonima. Io non avevo mai né scritto né ricevuto lettere di questo genere e la cosa mi incuriosiva moltissimo. Deve essere
5 divertentissimo ricevere una lettera anonima! Ho comprato dal tabaccaio una busta, dal cartolaio un foglietto e da un altro tabaccaio un francobollo. Quindi *mi sono chiuso* in casa, ho messo i guanti per non lasciare *impronte digitali* e, con la mano sinistra,
10 ho formulato a *lapis* la seguente comunicazione:

«Egregio signore,
siete un disgraziato. Se non aveste una fortuna *spudorata crepereste di fame* perché tutto quello che fate è un

I shut myself
fingerprints
matita

shameless/morireste

> Al Signor
> Uno Qualunque
> Via Tal dei tali, 24
> La tua città

cumulo di porcherie *senza nome. Siete grasso, brutto e* — a heap of filth
*stupido, ignorante e presuntuoso. Quando scrivete fate
degli errori di grammatica, di sintassi e di ortografia.
Vostro figlio è un cretino, vostra moglie ah! ah! . . .*
                 Uno che vi conosce bene».

Ho scritto sulla busta il mio nome e il mio indirizzo e ho imbucato.

            20 agosto, mattina
Ho ricevuto la lettera. L'ho aperta sorridendo e poi me la sono letta attentamente. Va bene che me la sono scritta io, ad ogni modo mi sono divertito molto.

            20 agosto, sera
Questa notte dopo aver pensato a lungo ho acceso la luce e mi sono riguardato la lettera: poi *sono* — I burst out laughing
scoppiato a ridere. Certamente: me la sono scritta io ieri, e l'ho imbucata io stesso. *Che idee strambe si hanno* — What strange ideas one
alle volte.   has at times.

            21 agosto, mattina
Ho dormito male stanotte. Questi primi freddi
mettono *addosso* una certa agitazione: ci si risveglia — dentro
più stanchi di quando si è andati a letto, coi nervi
scossi. Nel cercare sul comodino la solita sigaretta m'è — shattered
capitata sotto le mani la lettera. *All'inferno* gli scherzi — To hell
stupidi.

21 agosto, mezzogiorno

Mandar giù un boccone *col nervoso* che ho io è un'impresa, oggi. Questo tempo ignobile mi toglie anche l'appetito. Però mi piacerebbe sapere dove sono questi errori di ortografia! E poi mio figlio non è affatto un cretino. Cosa c'entrano i bambini in queste cose? *with the irritability*

21 agosto, sera

Questa stagione orrenda mi pesa. Ma insomma *che cosa avrà voluto dire* quel delinquente scrivendo «vostra moglie ah! ah!»? *I wonder what he meant to say*

Questi mascalzoni che mettono la discordia nelle famiglie e per i quali non c'è niente di sacro dovrebbero prenderli e fucilarli.

(da *Osservazioni di uno qualunque*)

DOPO LA LETTURA

A. **Domande.** Risponda alle seguenti domande sulla lettura.

1. Che cosa decide di fare il narratore il 19 agosto? Perché?
2. Perché si mette i guanti?
3. Com'è l'egregio signore a cui scrive? Come sappiamo che questo signore non ha una buona istruzione? Com'è suo figlio?
4. A chi spedisce la lettera il narratore?
5. Cosa fa il narratore durante la notte del 20 agosto?
6. Perché il narratore non ha molto appetito il 21 agosto?
7. Quali sono gli insulti della lettera anonima che irritano di più il narratore?

B. **Comprensione della lettura.** Narri il racconto con parole proprie. Legga i numeri dispari (1, 3, 5, ecc.) e narri nei numeri pari (2, 4, 6, ecc.). Scelga gli aspetti più importanti del racconto.

1. Oggi, 19 agosto, l'autore pensa che sia divertente ricevere una lettera anonima.

24 Aspetti della vita

   2. _____

   3. Nella lettera l'autore insulta il destinatario *(addressee)* e suo figlio, ed allude anche a sua moglie.

   4. _____

   5. Ma l'autore ha bisogno di ricordare a se stesso che è stato lui a scrivere la lettera anonima.

   6. _____

   7. Pensa che sia il freddo che non lo fa dormire bene.

   8. _____

   9. Oggi, 21 agosto, l'autore si sente molto nervoso.

   10. _____

   11. Si domanda perché la lettera alluda alla moglie.

   12. _____

C. **Minidramma.** Immagini che l'autore dica alla moglie e al figlio di avere ricevuto una lettera anonima. Collabori con tre studenti per preparare la lettera anonima e la scena da presentare alla classe.

D. **Temi di discussione**

   1. Discuta l'effetto che lo scherzo *(joke)* della lettera anonima fa sull'autore stesso.

   2. Spieghi come e perché l'autore razionalizza la sua reazione alla lettera anonima.

   3. Descriva quello che l'autore trova più offensivo nella lettera e perché lo considera offensivo.

4

Un vero amico

MASSIMO GRILLANDI

PRIMA DI LEGGERE

Parole ed espressioni

affezionarsi (a)	*to grow fond (of)*
l'amicizia	*friendship*
l'amore	*love*
l'anima	*soul*
appoggiarsi (a)	*to lean on*
l'astuzia	*shrewdness*
confidarsi con	*to confide in*
il consiglio	*advice, suggestion*
la corrispondenza	*correspondence*
liquidare	*to liquidate*
il nemico	*enemy*
il pensiero	*thought*
la premura	*thoughtfulness*
ricorrere	*to turn to*
rimpiangere	*to regret*
rompere	*to break up*
la rottura	*breaking off, rupture*
seccato/a	*annoyed, bored*
servizievole	*helpful*

sognare	*to dream*
volubile	*fickle*
il vincolo	*bond, tie*
combinarne di ogni colore	*to get into all sorts of mischief*
essere portato/a per (a)	*to have a bent (talent) for*

A. **Definizioni.** Dia una parola giusta per ciascuna delle seguenti definizioni.

1. Lo è una persona che cerca di aiutare gli altri.
2. il sentimento che unisce due amici
3. È il contrario di **amico.**
4. Rappresenta l'aspetto spirituale dell'uomo.
5. Lo è una persona poco stabile negli affetti.
6. Lo formuliamo mentre pensiamo.
7. La dimostra una persona gentile e sensibile.
8. l'affetto profondo che unisce due persone
9. la fine di un rapporto affettivo fra due persone
10. vendere quello che possediamo
11. uno scambio di lettere
12. il contrario di **impaziente**

B. **L'amicizia.** Completi le seguenti frasi con la forma appropriata della parola giusta fra quelle indicate tra parentesi. Faccia tutti i cambiamenti necessari.

1. Fra quelle due famiglie c'è un _____ di amicizia molto forte. (vincolo, conforto, importanza)
2. Lo _____ della loro vita non è quello di guadagnare molti soldi. (scopo, esame, filosofia)
3. I loro figli sono uniti da _____ sentimenti di amicizia. (portato, seccato, forte)

4. I genitori sono piuttosto _____ se i figli non sono d'accordo su qualche cosa. (volubile, paziente, seccato)

5. Essi danno sempre molti buoni _____ ai loro figli. (sentimento, consiglio, virtù)

6. Non sono convinti che sia necessario fare le cose con _____ per avere successo nella vita. (anima, astuzia, società)

7. Le due famiglie possono confidarsi fra di loro perché i loro figli sono dei _____ amici. (seccato, caro, volubile)

C. **Un sogno.** Completi le seguenti frasi con la forma appropriata dei verbi indicati. Usi ciascun verbo una sola volta.

appoggiarsi	affezionarsi	sognare
rompere	confidarsi	ricorrere
rimpiangere		

1. Laura _____ molto alla famiglia Poletti che l'ha ospitata quando era a Firenze.

2. Mario Poletti era un amico paziente e servizievole e Laura _____ sempre a lui quando aveva bisogno di aiuto.

3. Mario la capiva e quando Laura aveva qualche problema, _____ con lui.

4. Laura ha scritto alla famiglia Poletti dicendo di _____ i giorni trascorsi insieme a loro.

5. Ieri notte Laura _____ di essere di nuovo in Italia.

6. Durante il sogno, Mario _____ ogni vincolo di amicizia con Laura.

7. Disperata, Laura _____ ai signori Poletti in cerca di aiuto, ma invano. Per fortuna alla fine era stato solo un cattivo sogno.

Un vero amico

MASSIMO GRILLANDI

Sull'autore

Nato a Forlì nel 1924 e morto a Roma nel 1987, Massimo Grillandi è stato poeta, scrittore, critico letterario e giornalista. Uno dei suoi romanzi, La casa di Faenza, *si classificò tra i finalisti del prestigioso premio Strega del 1966. Inoltre, durante la sua vita di scrittore, Grillandi ha ricevuto vari premi per i suoi contributi alla poesia e al giornalismo.*

Fra le sue opere ci sono anche collezioni di racconti, che sono caratterizzati da un acuto senso di intuizione, interesse umano e profonda indagine psicologica. Nel racconto «Un vero amico», l'autore narra i rapporti amichevoli fra due giovani uomini e mostra, con sottile ironia, come a volte l'amicizia può essere ingannevole.

LETTURA

Glauco è sempre stato il migliore dei miei amici, e io sono un uomo che sente molto i vincoli dell'amicizia. Cosa sarebbe la vita se *all'occorrenza* non si sapesse a chi chiedere un consiglio, il conforto di un incontro *che valga a dipanare* le idee, a chiarirle? L'amore è certo piú importante dell'amicizia, ma su un altro piano. Dicevo proprio l'altro giorno a Marcello: «Vedi, con le donne ti puoi confidare, possono farti compagnia, servono a dare uno scopo alla vita. *Ci vogliono e come se ci vogliono,* però soltanto a un amico ti puoi appoggiare, perché è un uomo come te, *la pensa in gran parte a tuo modo,* ha i tuoi stessi problemi. Si trova insomma in una trincea dalla quale combattete un nemico comune». E non è che Marcello mi abbia dato torto, anzi *ha rincarato la dose:* «Sono d'accordo con te sull'importanza dell'amicizia; essa è uno dei fondamenti della società e quando l'amicizia vien meno tutte le altre virtú, mi sembra che lo dica anche *Platone,*[1] sca-

in caso di necessità

that might help to unravel

they are needed, yes indeed, they are needed

he thinks like you to a great extent

made things worse

decrease and decline

---
[1] Platone (429–348 a.C.) grande filosofo greco

dono e decadono. La famiglia e la religione non sono altro che amicizie speciali: la prima a livello intimo, la seconda sul piano soprannaturale». Il mio pensiero non andava cosí avanti; ma insomma l'idea centrale mi seduceva e quindi, in nome dell'amicizia, dovetti dar ragione a Marcello. Questo per dire quanto sono devoto a certi sentimenti.

Con Glauco però non so *fino a che punto* potrò arrivare. L'ho detto: è sempre stato il mio piú caro amico, avrei dato l'anima per lui; ma ora sono arrivato a quello che i fisici chiamano *«punto di rottura»*; un altro grammo, una molecola ancora e poi succede l'irreparabile. Conobbi Glauco alle elementari. Lui era un paio di classi avanti a me e tutti sanno come, fra bambini, certe cose abbiano importanza. Era piú alto, piú forte, sapeva cose che io nemmeno sognavo. A lui ricorrevo per i compiti, per farmi spiegare (con gli studi non sono mai andato *forte*) quelle nozioni che il maestro ci propinava con una velocità che a me sembrava vertiginosa. E Glauco paziente a illuminarmi, a darmi idee anche per i temi di italiano. Credo proprio che qualcuno me lo abbia addirittura *svolto* lui. Glauco era sempre pronto buono servizievole. Se qualche ragazzino della mia età cercava di attaccare briga, egli interveniva. Gli scapaccioni glieli dava lui. La povera mamma diceva sempre, quando le chiedevo qualcosa o volevo andare in qualche parte: «Glauco ci va, lo fa anche lui questo?» Se il mio amico *era della partita*, la risposta era sempre uguale: «Vai, vai pure» o «Fai come lui». *Non c'era da sbagliare.*

Quando siamo cresciuti, tutto è continuato alla stessa maniera. Sempre Glauco per casa, più e meglio di un fratello. A tavola, nelle nostre famiglie, c'era sempre un coperto in piú. Se lui o io volevamo rimanere a pranzo, e ciò spessissimo accadeva, *non dovevamo fare cerimonie*. Bastava una telefonata. Alle superiori, la stessa *musica*. Lui piú avanti di me, piú bravo in tutto e io *a arrancargli dietro*. Il latino, *tanto per dirne una*, me lo ha insegnato lui. Aveva un metodo personale, che adesso non ricordo, e in poco tempo traducevo a meraviglia. Per il greco, *la mede-*

sima faccenda. A un certo punto, convenimmo che imparare la storia era proprio un gioco, se uno piú che formulare domande, si mette a discutere di fatti, a compiere raffronti. Glauco era bravissimo anche in ciò. Ti costringeva a intuire quello che non sapevi. Non te ne accorgevi e intanto imparavi. Un fenomeno era, *non se ne trovava l'uguale.* [you couldn't find anybody like him.]

Poi Glauco aveva idee chiare su tutto. Dovevo frequentare chi voleva lui. «Con Marco è meglio che non facciamo comunella. È manesco, e poi il padre . . . Un cattivo soggetto, ti assicuro; però non lo andare a dire, *mi raccomando.*» Figurarsi, parola di Glauco per me era ancora Vangelo. Cosí, ebbi gli amici che lui preferiva, scartai quelli che non gli andavano a genio. Come tutti i ragazzi, facevamo un poco di sport. Non tanto, *giusto per compiere un filo di esercizio, per non sentirsi dare dei mollaccioni.* Anche questa era un'idea di Glauco. Prima lo studio e poi il gioco. «Nella vita, dovremo aprirci la strada col cervello, mica coi calci.» Però io, a dirla con sincerità, avevo una gran voglia di fare il calciatore. Conoscevo tutti quelli di *serie A.* Sognavo di diventare uno come loro, mi esaltavo al pensiero di giocare in un grande stadio, davanti a migliaia di persone che gridavano il mio nome. Ebbene, Glauco distrusse tutto ciò. «*È roba che non va,* devi pensare alle cose serie. Per giocare, giochiamo, ma solo per divertimento. Del resto, che credi: su mille ne arriva uno, vuoi essere proprio tu *quel tale?*» E va bene, *niente piú sogni di gloria calcistica.* Quattro calci al pallone ogni tanto, cosí per sgranchirsi, ma basta. [ti prego] [per fare un po' di esercizi/so that we wouldn't be called lazy bones] [soccer division league A (first)] [Non è importante] [quella persona/no more dreams of soccer fame]

Piuttosto, un poco di piscina. Il nuoto, era sempre Glauco a dirlo, fa sviluppare in armonia l'organismo, mantiene sani. Anche *Cicerone*[2] afferma . . . Non ricordo bene cosa statuisse il buon *Arpinate:* i classici poco li ho potuti digerire, ma so che a prezzo di formidabili raffreddori, imparai a nuotare pur avendo, e l'ho tuttora, un sacro terrore dell'acqua. [nato in Arpino]

---

[2] Cicerone (106–43 a.C.), grande oratore e scrittore dell'antica Roma, nato ad Arpino.

Per il compleanno, anziché scarpe coi tacchetti e maglia a strisce, costrinsi *i miei* a regalarmi un costume da bagno, una cuffia da nuotatore.

Glauco si diplomò prima di me e si iscrisse all'università; ma non è che *ci perdemmo di vista*. Anzi, agli esami di maturità volle prepararmi lui. Mi preparò i temi *svolti;* io non volevo, intendevo *sbrigarmela da solo*, con le mie forze stavolta, ma chi poteva resistere a Glauco? Mi suggerí tutte le astuzie possibili per *far cadere le domande degli esaminatori* sui punti che piú conoscevo. «Vai sicuro», badava a dirmi. E fui bocciato. Cominciavo, è chiaro, a essere saturo di tante premure, di un'amicizia cosí intensa, attiva direi. A ogni modo, l'anno dopo la spuntai. Glauco mi convinse a iscrivermi alla sua facoltà. «Legge, devi studiare legge: il mondo è degli avvocati». Io ero e sono portato per la matematica, potevo diventare un ottimo ingegnere. Volevo andare *al Politecnico*. Oggi sono un avvocato fallito, quelli che in tribunale chiamano «*mozzorecchi*»; e i giudici *fanno tacere* seccati: «Basta, avvocato, ho capito», e giú un'occhiata al cliente, *come per dire:* «Proprio tu ci dovevi capitare, si può sapere che male hai fatto?» Ma Glauco insiste, dice che verrà il mio momento. Tutto è nelle mani degli avvocati. Già, ma di quelli come lui, con una chiacchiera che non finisce mai e una immaginazione tale da trasformare un assassino in una vittima: «Signori giudici, è vero: il mio protetto ha ucciso il padre e la madre; abbiate pietà di un povero orfano!» Se non è cosí *poco ci manca*. Fatto è che vince tutte le cause. Io, nemmeno una, neanche per sbaglio.

Solo il servizio militare ci separò e, devo confessarlo, respirai, ma *per modo di dire*. Dovunque *venivo* trasferito, mi inseguivano le sue lettere, zeppe di consigli, di ammonimenti. Ne ricordo una, ero al fronte, gelato fino al collo, sepolto nella neve, a *pancia* vuota, con i soldati che mi guardavano inebetiti: «Pensa al Natale dell'anno scorso. Ricordi che *bel calduccio*, che pranzo ci preparò la mamma?» È vero, le nostre famiglie lo avevano *fatto* insieme quel Natale, ma era opportuno ricordarmelo in quei momento? Glauco

Prepariamoci a vivere in una società multirazziale. Senza pregiudizi, con naturalezza.
Ce lo chiede la storia, che ci piaccia o no.
Ai bambini di certo l'idea non disturba: ce lo dimostrano tutti i giorni nelle scuole, nei cortili, per le strade. Di fronte ad ogni diversità sanno essere spontanei. E spontaneamente non fanno dell'amicizia una questione di razza, religione o colore.
Sono loro il futuro. Guardiamoli e impariamo.

Saranno amici per la pelle.

PUBBLICITÀ PROGRESSO

No al razzismo. Sì alla tolleranza.

aveva aderenze, amicizie forti, riuscí *a farmi trasferire* nel suo reggimento. Continuò cosí a tiranneggiarmi in nome dell'amicizia *del mio bene* e del grado superiore. Rimpiansi il fronte, lo assicuro.

Dopo congedati, come tutti i giovani, cominciammo a frequentare delle ragazze. Ma era lui a sceglierle, lui a impormele. Erano tutte amiche delle fidanzate che, a mano a mano, egli *veniva cambiando*. In amore, Glauco era volubile. «*Ci vuole* esperienza», diceva. E io che dovevo sempre rompere i fidanzamenti *sul piú bello,* per adeguarmi alle nuove situazioni che Glauco *veniva creando*. Io che mi affeziono cosí facile. E poi le figure per niente simpatiche che dovevo fare con queste ragazze e con le loro famiglie. Glauco, oltretutto, nello scegliere i pretesti per le rotture *non aveva la mano felice*. Un paio di fratelli *ce la fecero vedere brutta*. Di uno ancora porto il segno: ma lui aveva la sua filosofia, e io dovevo farla mia. *Finí che sposai* la donna che Glauco, in pratica, aveva scelto per me: «Vedrai che Maria ti farà felice. È una buona ragazza. Proprio quella che *ci vuole per te.*»

Dàgli oggi e dàgli domani, mi trovai all'altare. Poi fu l'inferno. Violenta *attaccabrighe spendacciona,* mia moglie me ne ha combinate di ogni colore. Oggi sono in corrispondenza con un collega di Monaco, per vedere se ci esce il divorzio; ma ci vuole un fiume di soldi. La professione va male, l'ho detto. Tutto posso fare meno che l'avvocato. Ho perfino intaccato quel po' di *roba* che mi aveva lasciato mio padre, sono *sull'orlo della rovina*. Maria da tempo è da sua madre. Molti ridono di me e io li capisco. Questa mattina Glauco mi ha telefonato, dice che ha un buon affare in vista e che lo riserva per me. Dovrei liquidare ogni cosa e investire in certi titoli. «Azioni sottocosto, puoi stare sicuro: parola di amico». In questo momento ho deciso. Sí, vendo tutto, però *ci pago un sicario*.

34 Aspetti della vita

DOPO LA LETTURA

A. **Domande.** Risponda alle seguenti domande sulla lettura.

1. Che rapporto c'è fra Glauco e il narratore?
2. Che cosa è più importante per il narratore, l'amore o l'amicizia?
3. Chi è Marcello? Che opinioni ha sull'amore e sull'amicizia?
4. Come sta cambiando il rapporto che esisteva fra Glauco e il narratore?
5. Che opinione ha di Glauco la madre del narratore?
6. Quali sono le materie che Glauco spiega al suo amico?
7. Quali sono le preferenze sportive di Glauco? E quali sono quelle del narratore?
8. Quale facoltà sceglie il narratore quando finisce il liceo? Perché? Quale facoltà avrebbe dovuto scegliere? Perché?
9. Oggi che tipo di avvocato è Glauco? E il narratore?
10. Che succede quando i due giovani vanno a fare il servizio militare?
11. Chi sono le ragazze che il narratore frequenta quando torna dal servizio militare?
12. Con chi si sposa alla fine? Chi sceglie questa donna per lui?
13. Che rapporto c'è adesso fra il narratore e sua moglie?
14. Perché oggi Glauco telefona al suo amico?
15. Che tipo di rapporto c'è oggi fra Glauco e il narratore? Perché?

B. **Comprensione della lettura.** Verifichi la sua comprensione della lettura scegliendo la risposta giusta per completare la frase di ciascun gruppo.

1. Il narratore di questo racconto dice che per lui sono molto importanti _____.
   a. le idee chiare
   b. le cose serie
   c. i vincoli dell'amicizia

2. Secondo Marcello, un amico del narratore, l'amicizia _____.
   a. con le donne causa problemi
   b. è una fondamentale virtù umana
   c. fra gli uomini non esiste

3. Il narratore ha conosciuto il suo migliore amico Glauco _____.
   a. all'università
   b. alla festa di un'amica
   c. alle elementari

4. Glauco era un amico molto buono e bravo _____.
   a. ma era un po' più grande del narratore
   b. ma non gli piaceva andare a scuola
   c. e studiava dalla mattina alla sera

5. Da bambini i due amici erano come fratelli, ma Glauco _____.
   a. non andava mai a pranzo a casa del narratore
   b. era sempre più bravo del narratore e gli insegnava molte cose
   c. non invitava mai il narratore ad andare con lui alla partita

6. Fra i due amici, Glauco era quello che prendeva tutte le decisioni; per esempio, sceglieva _____.
   a. gli amici da frequentare
   b. i film da vedere
   c. i libri da leggere

7. Quando il narratore voleva fare il calciatore, Glauco _____.
   a. gli disse che il calcio era uno sport troppo violento
   b. gli consigliò il nuoto, che era uno sport sano
   c. decise anche lui di diventare calciatore

8. Il narratore studiò legge all'università e diventò avvocato perché _____.
   a. era portato a questa professione
   b. anche suo padre faceva questo lavoro
   c. glielo aveva suggerito Glauco

9. Durante il servizio militare, _____.
   a. i due amici si persero di vista
   b. Glauco fece trasferire l'amico nel suo reggimento
   c. i due amici si telefonavano spesso

10. Anche nella scelta delle ragazze, Glauco imponeva la sua volontà ed il suo gusto tanto che il narratore _____.
    a. decise di non sposarsi

b. sposò una ragazza scelta dall'amico
c. sposò la fidanzata dell'amico

11. Ora che il narratore sta per divorziare _____.
    a. vuole ancora consigli dall'amico
    b. telefona a Glauco tutti i giorni
    c. vuole rompere ogni rapporto di amicizia con Glauco

C. **Comprensione della lettura.** Dia le seguenti spiegazioni secondo il contenuto del racconto.

1. Perché sono necessari gli amici:
2. Quello che sarebbe piaciuto diventare al narratore:
3. Chi conosceva bene:
4. Con quale spirito Glauco e il narratore fanno un po' di sport:
5. Quello che il narratore avrebbe voluto per il suo compleanno e quello che chiede invece ai genitori:
6. La carriera che avrebbe scelto il narratore, dato che era portato per la matematica:
7. Il genere di avvocato che è oggi il narratore:
8. Il motivo per cui Glauco cambia ragazze continuamente:
9. Com'è Maria, la moglie del narratore:
10. Quello che Glauco consiglia all'amico quando alla fine gli telefona:
11. Il motivo per cui il narratore vuole liquidare tutto:

D. **Descrizioni.** Indichi se le seguenti descrizioni si riferiscono a Glauco, al narratore o a Marcello.

1. Per lui anche la famiglia e la religione sono amicizie speciali.
2. Ora è arrivato al «punto di rottura».
3. È alto, forte e sa molte cose.
4. Pensa che nella vita bisogna aprirsi la strada con il cervello e non con i calci.

5. Conosce tutti i calciatori di serie A.
6. I classici non li digerisce molto.
7. Quando parla delle virtù umane cita Platone.
8. Quando parla del nuoto cita Cicerone.
9. Al fronte aveva freddo e fame.
10. Non era molto fortunato quando rompeva un rapporto sentimentale.

E. **Temi di discussione**

1. Commenti l'amicizia fra Glauco ed il narratore.
2. Parli delle caratteristiche personali di Glauco. Quali aspetti del suo carattere attraggono il narratore? Perché?
3. Analizzi la personalità del narratore. Che tipo è? È simpatico? Quali sono le sue qualità positive? Quali sono le negative?
4. Secondo lei, che cos'è l'amicizia? Come deve essere un vero amico?

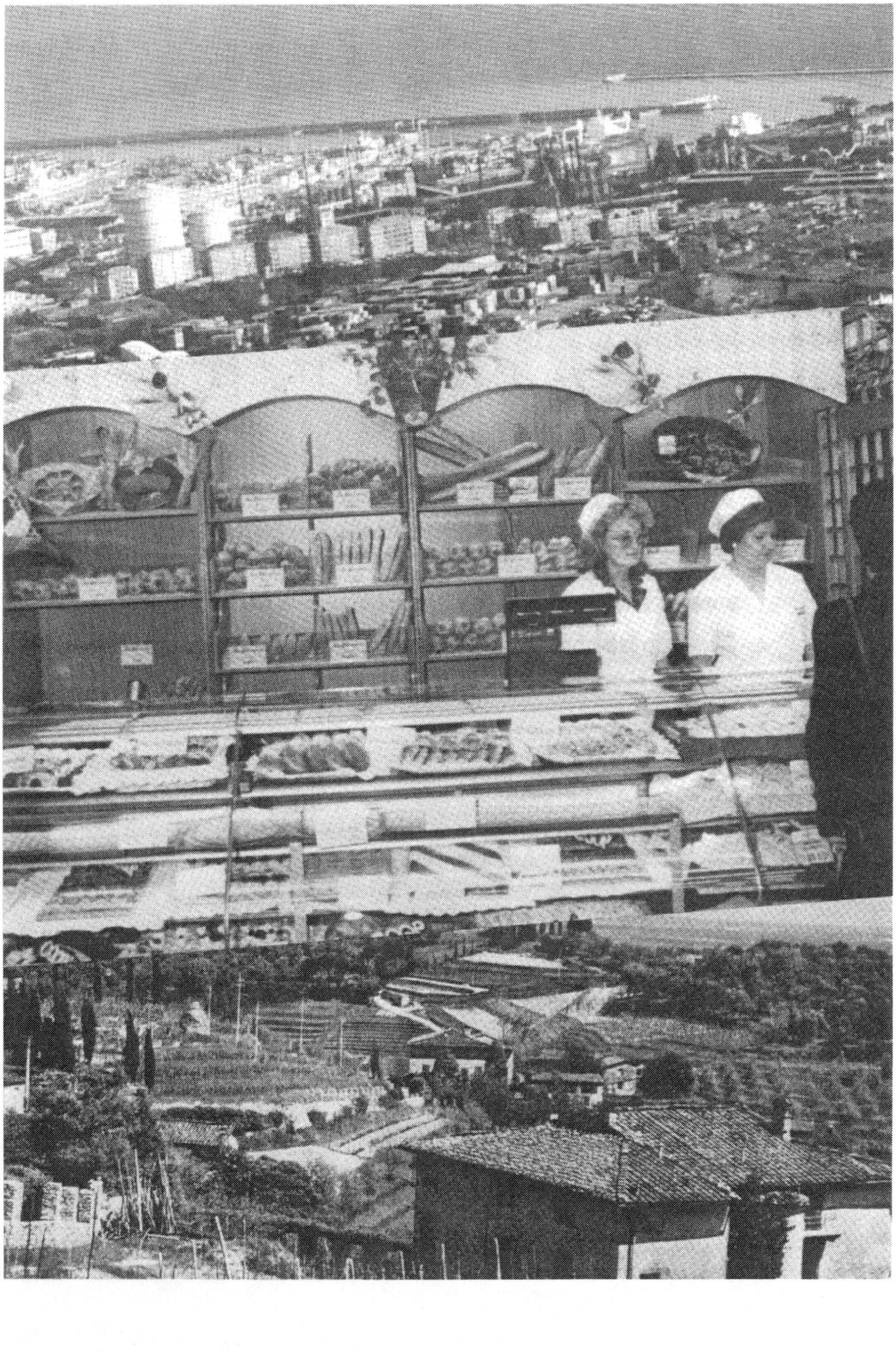

II

BUON APPETITO!

- ATTUALITÀ   *Duemila: mezzogiorno di pasta,* Giampaolo Fabris
- RACCONTO   *Funghi in città,* Italo Calvino
- RACCONTO   *Tartufo,* Giovanni Arpino

In ogni famiglia italiana, di fronte ad una tavola imbandita con piatti prelibati, è di uso scambiarsi un «Buon appetito!». In altre parole si invitano i commensali a mangiare con voglia e a godersi i cibi squisiti. Questo piacere della tavola è un costume molto radicato nella cultura italiana e risale al tempo degli antichi romani. La storia ci ha infatti tramandato le famose cene luculliane, che hanno preso il nome da Lucio Licinio Lucullo. Costui era un generale e uomo politico romano che visse tra il 117 e il 56 a.C. ed è rimasto famoso nella storia più per la squisitezza dei cibi e la varietà delle sue cene che per motivi militari o politici.

Molti secoli più tardi apparvero in Italia gli spaghetti, la cui origine non è affatto chiara. Per alcuni l'introduzione degli spaghetti in Italia risale a Marco Polo (1254–1324), viaggiatore veneziano, che li avrebbe portati in Italia in uno dei suoi viaggi di ritorno dalla Cina. Per altri invece il luogo di origine sarebbe la Sicilia; comunque sia, alla fine del secolo XVIII il consumo degli spaghetti trova un terreno molto fertile nella regione intorno a Napoli. Da piatto tipico del popolo napoletano, gli spaghetti diventano poi il piatto nazionale italiano.

Con il passare degli anni, altri tipi di pasta si sono aggiunti agli spaghetti ed oggi in tutte le regioni italiane si preparano per i buongustai innumerevoli piatti di pasta condita con i sughi e le salse più diverse. Per di più, la novità culinaria degli ultimi anni è il condire la pasta con i legumi e la verdura. La necessità di un mangiare genuino e nutriente, unito ad un po' di fantasia italiana, ha portato in tavola dei cibi eccezionali. Le fettuccine al tartufo nero, i rigatoni agli asparagi e il risotto ai funghi porcini sono solo alcuni piatti che fanno venir l'acquolina in bocca al solo pensarci.

Il cibo è appunto l'argomento preferito dagli autori delle tre letture che seguono. Nel suo articolo, Giampaolo Fabris afferma che anche nel Duemila continueremo a mangiare la pasta. Proprio quando era sul punto di sparire dalla tavola in favore della carne e di cibi più leggeri, la pasta ha fatto un clamoroso ritorno ed è stata riscoperta come un alimento sano e dietetico.

Nel racconto «Funghi in città», Italo Calvino mette in risalto le creazioni spontanee della natura. In questo caso si tratta di funghi, che, in maniera alquanto sorprendente, riescono a nascere perfino nell'ambiente dannoso della città moderna.

Nel racconto «Tartufo», Giovanni Arpino racconta invece la divertente storia di un contadino. Vendere una vigna per un po' di soldi può sembrare un affare, ma qualche volta non lo è. Sotto terra, ogni tanto, ci può essere qualcosa molto più importante di quello che c'è in superficie.

5

Duemila: mezzogiorno di pasta

GIAMPAOLO FABRIS

PRIMA DI LEGGERE

Parole ed espressioni

l'abbuffata	*huge meal*
l'alimentazione (l'alimento)	*nourishment, food*
l'arretratezza	*backwardness*
il benessere	*well-being*
i beni di consumo	*consumer goods*
il commensale	*(fellow) guest*
economico/a	*inexpensive*
evitare	*to avoid*
il futuro	*future*
ingrassare	*to gain weight*
irrazionale	*irrational*
nutrire	*to nourish*
la salute	*health*
il sapore	*taste*
saziare	*to fill up*
smodato/a	*immoderate, excessive*
il sugo	*sauce*
vistoso/a	*gaudy*

A. **Contrari.** Completi le seguenti frasi con il *contrario* delle parole indicate.

1. Preferiamo il _____ alla **povertà.**
2. Ma ci piace essere **modesti,** non ci piace essere _____.
3. Siamo gente **calma,** non siamo troppo _____.
4. Prendiamo decisioni **razionali,** non _____.
5. Preferiamo dimenticare il **passato** e pensare al _____.
6. Vogliamo eliminare le **malattie** e migliorare la _____ della gente.
7. Sappiamo che le cure *(treatments)* moderne sono **care,** quindi vogliamo renderle più _____.
8. Raccomandiamo un uso **moderato** e non un uso _____ dei cibi e delle bevande.

B. **Derivare le parole.** Completi le seguenti frasi con il *nome* derivato dalle parole indicate.

1. Alcuni popoli sono considerati **arretrati.** Questa _____ è evidente in molti aspetti.
2. Altri popoli sono più **moderni** e il loro livello di _____ è evidente anche nel modo di mangiare.
3. È stato **riconosciuto** che i cibi genuini fanno bene alla salute. Questo è un _____ molto valido.
4. Una buona _____ è necessaria a tutti, quindi è bene consumare solo buoni prodotti **alimentari.**
5. I dietologi raccomandano di **consumare** vari tipi di cibi, ma raccomandano soprattutto il _____ di frutta e verdura.
6. È bene **diminuire** il consumo dei grassi, ma sarebbe raccomandabile anche una certa _____ dei dolci.

C. **Un consiglio.** Usi la forma appropriata delle parole di destra per completare il seguente dialogo fra una dietologa ed una paziente.

—Mi _____ una dieta da fare per non _____?
—Deve _____ di mangiare molto.
—Ma io non faccio mai grandi _____.
—Mangia sempre il _____ e il _____?
—No. Mangio solo il secondo piatto.
—Ha l'_____ di mangiare dolci?
—Mangio moltissimi cioccolatini. Per me il _____ del cioccolato è molto _____.
—Ma allora è il cioccolato che la _____. Non deve mangiarlo più.

a. sapore
b. primo piatto
c. fare ingrassare
d. gratificante
e. evitare
f. secondo piatto
g. abitudine
h. ingrassare
i. abbuffata
j. indicare

D. **Pubblicità commerciale.** Completi i seguenti dialoghi con la forma appropriata di una delle parole o espressioni indicate fra parentesi.

—Secondo me, il _____ (immagine, simbolo) della cucina italiana è la pizza.
—Mi dispiace, ma non _____ (riscoprire, condividere) la tua opinione. Secondo me è la pasta. La pasta Billara.

—Bambini, cosa mangiate a mezzogiorno?
—La pastasciutta con il _____ (sugo, reddito) Bondì.
—Bravi. Se volete _____ (crescere, verificarsi) e diventare bravi _____ (benessere, maratoneta), dovete mangiare ogni giorno la pastasciutta con il sugo Bondì.
—È vero, la pastasciutta con il sugo Bondì _____ (saziare, valorizzare) e _____ (nutrire, evitare) allo stesso tempo.
—Bravissimi! Lo affermano anche tutte le _____ (commensale, ricerca) fatte dalla ditta Bondì.

Duemila: mezzogiorno di pasta

GIAMPAOLO FABRIS

Sull'autore

Giampaolo Fabris è professore universitario e insegna sociologia all'università di Trento. Questo sociologo, che è nato a Livorno, ma abita a Milano, ha fondato una ditta di ricerche statistiche, ha pubblicato vari articoli sociologici e spesso contribuisce con articoli di costume su riviste settimanali.

Nell'articolo «Duemila: mezzogiorno di pasta», pubblicato sulla rivista «L'Espresso», Fabris parla della rivalutazione della pasta come alimento quotidiano non solo in Italia ma anche nel mondo.

LETTURA

Il futurismo[1] aveva sostenuto «l'abolizione della pastasciutta, assurda religione gastronomica degli italiani», decretando drasticamente che «agli italiani la pastasciutta *non giova*». In anni più recenti, sia pure con minore enfasi, erano stati in molti a condividere la condanna della pasta. O, più semplicemente, a fare *previsioni* catastrofiche sul suo futuro. La pasta fa ingrassare. La pasta è il simbolo più vistoso dell'alimentazione povera e irrazionale del nostro passato. È l'alimento che sazia ma non nutre. È il cibo economico, "cheap", unico vero antidoto alla voracità e alla fame. È espressione di una *crapula godereccia*, da strapaese[2]. Rappresenta la tangibile testimonianza dell'arretratezza di un paese che ha ancora bisogno di un anacronistico primo piatto. Insomma, la pasta era apparsa a lungo come una *sopravvivenza* di un passato da dimenticare.

non fa bene

forecast

pleasure-loving gluttony

survival

---

[1] movimento artistico e letterario italiano dell'inizio del ventesimo secolo che rinnegava le tradizioni e si proiettava verso il futuro
[2] movimento letterario italiano degli anni '20 che incoraggiava il ritorno alla cultura genuina tradizionale delle varie regioni d'Italia

Duemila: mezzogiorno di pasta **45**

La *contrazione* dei consumi appariva vistosissima soprattutto nelle aree a maggior reddito. Sembrava
20 quasi *tautologico* che la qualificazione dei consumi, conseguente a un maggior benessere economico, si traducesse in un inevitabile abbandono della pasta, nella valorizzazione del secondo piatto, nel *primato* delle proteine animali, nell'orientamento al "light
25 eating" incompatibile con un cibo che *gonfia e appesantisce*, nell'adozione di abitudini alimentari di quei paesi che ci avevano preceduto nell'appuntamento con la modernità.

Invece, non si è verificato niente, o quasi, di tutto
30 ciò. I consumi di pasta da qualche tempo si sono stabilizzati. Il che significa — considerando la diminuzione fisiologica dei consumi *ipertrofici* del Sud, e la diminuzione della quantità *ingerita* per pasto — che segmenti rilevanti della popolazione *si vanno riavvi-*
35 *cinando* alla pasta. Le ricerche indicano che, a livello del *vissuto* della pasta, *la riconversione* è ancora più clamorosa. E, quel che più conta, proprio fra i segmenti più moderni della popolazione. Costituendo forse l'esempio più vistoso di riconversione di imma-
40 gine che si sia verificata in questi anni nel settore dei beni di largo consumo. Sappiamo inoltre che i consumi di pasta stanno crescendo esponenzialmente anche in quei paesi a cui già si era guardato come a modelli di razionalità alimentare, e l'eco di questo
45 importante *avallo* contribuisce a creare una legittimazione alla nuova immagine della pasta.

Che è quella di un alimento che ha tutte *le carte in regola*, e forse qualcuna in più, per confrontarsi positivamente con i nuovi valori che *presidiano* le scelte
50 alimentari.

Certo il riconoscimento internazionale della dieta mediterranea, la diminuzione radicale di *grassi*, zuccheri e proteine della carne, ha fortemente contribuito a conciliare la pasta con i nuovi valori della
55 salute e dell'efficienza fisica. La pasta come prescrizione alimentare in certi sport — ad esempio nel regime *pre gara* del maratoneta — testimonia la sua compatibilità con attività vitalistiche e con la dietetica

---

diminuzione

ridondante

supremazia

makes one feel bloated and heavy

aumentati
mangiata
tornano

vita/ritorno

backing, guarantee

papers in order

proteggono

fats

prima della competizione

Barilla

DOVE C'E BARILLA C'E CASA

Quando Un Unico Piatto Diventa Piatto Unico.

Le Penne Barilla possono diventare un ottimo piatto unico.

Mettete 300 grammi di pomodoro (crudo e fatto a listarelle) sul fondo del piatto da portata.

Versateci sopra la pasta appena scolata, aggiungendo un filo d'olio extravergine, basilico e due cucchiai di parmigiano grattugiato.

Le dosi sono per 4 persone.

moderna. Si va riscoprendo e valorizzando il sapore dei cibi, un tempo sospetto perché in odore di cultura dell'abbuffata. E la pasta è sempre stata per gli italiani—anche quando *ci si vergogna ad* ammetterlo —l'alimento oralmente più gratificante.

    abbiamo vergogna di

La pasta è una sorta di fast food domestico: si cucina rapidamente, non necessita di particolari abilità culinarie. Ma al tempo stesso *consente* forme di personalizzazione nel cucinare e di manipolazione creativa: il successo presso i commensali inoltre è quasi sempre assicurato. La pasta permette di scegliere fra una incredibile quantità di formati. In quanto a ingrassare, la colpa è più dei sughi da controllare evitando al tempo stesso consumi smodati. E a livello emotivo la pasta è calda, regressiva, materna, confortante, ricca di buone vibrazioni. Anche la tendenza al "light eating" riesce a conciliarsi con la pasta: è il secondo piatto *semmai a marginalizzarsi.* Al primo invece, arricchendosi, capita sempre più spazio di *fagocitare* il secondo.

permette

eventually to become unimportant

assorbire

(da «L'EspressoPIÙ», giugno 1989)

DOPO LA LETTURA

A. **Domande.** Risponda alle seguenti domande sulla lettura.

1. Quale movimento artistico e letterario italiano voleva abolire il consumo della pasta in Italia?
2. Secondo alcuni critici recenti, di che cosa è simbolo la pasta?
3. Di recente, quale classe sociale consumava meno pasta?
4. Oggi quali paesi hanno ridato importanza alla pasta?
5. Quale dieta ha rivalutato la pasta nel mondo?
6. Oggi con che cosa è compatibile la pasta?
7. Perché la pasta è un alimento versatile?

B. **Comprensione della lettura.** Dica se le seguenti frasi sono vere o false secondo il contenuto della lettura.

1. La pastasciutta non fa più parte dell'alimentazione degli Italiani.
2. Secondo i futuristi, gli Italiani dovevano eliminare del tutto la pastasciutta.
3. Anche recentemente si pensava che il consumo della pasta fosse associato con la povertà del paese.
4. Si credeva che la gente povera e arretrata avesse bisogno di un piatto come la pasta, che è economico e sazia.
5. Pareva però che anche la gente ricca mangiasse molta pasta.
6. Oggi la pasta ha una nuova immagine e tutti la mangiano volentieri.
7. La dieta mediterranea sta avendo molto successo in tutto il mondo.
8. Secondo varie ricerche, anche se fa parte della dieta mediterranea, la pasta non fa bene alla salute.
9. I dietologi suggeriscono ai maratoneti di mangiare molta pasta prima di partecipare ad una gara.
10. Non si può essere creativi quando si cucina la pasta.
11. La pasta non fa ingrassare se è condita con il sugo.
12. Gli Italiani sono emotivamente legati alla pasta che è per loro un alimento molto gratificante.

C. **Domande.** Faccia le seguenti domande ad un altro studente/un'altra studentessa.

1. Mangi la pasta? Quante volte alla settimana? Al mese? Come la mangi?
2. Ci sono altri cibi che associ con la cucina italiana? Quali sono? Li mangi qualche volta?
3. Quali sono gli alimenti tipici della cucina americana? Li mangi spesso? Fanno ingrassare?
4. Conosci qualche tipo di dieta? Quali sono le caratteristiche di questa dieta? L'hai seguita qualche volta?
5. Secondo te, quali sono i cibi che fanno ingrassare?

6. Cosa raccomanderesti ad un amico/un'amica che non vuole ingrassare?

D. **Temi di discussione**

1. Commenti il concetto della pasta come alimento principale dei poveri.
2. Discuta perché oggi in Italia e all'estero la gente consuma più pasta.
3. Spieghi i motivi per cui gli Italiani sono legati alla pasta. Dica anche quali sono alcuni piatti tipici a cui sono legate le persone di altre nazionalità.

6

Funghi in città

ITALO CALVINO

PRIMA DI LEGGERE

Parole ed espressioni

accorgersi	*to notice*
l'avvelenamento	*poisoning*
avvertire	*to notify*
capitare	*to happen*
il cesto	*basket*
cogliere	*to gather*
colpire	*to strike*
il dono	*gift*
l'esistenza	*existence*
fidarsi	*to rely on, trust*
il fungo	*mushroom*
inconsueto/a	*unusual*
insolito/a	*unusual*
il manovale	*laborer*
maturare	*to ripen*
la miseria	*poverty*
la paga	*pay*
il quartiere	*neighborhood*
il raccolto	*harvest*

il rumore	*noise*
il salario	*salary*
sensibile	*sensitive*
sospettoso/a	*suspicious*
il timore	*fear*
del tutto	*completely*
non vedere l'ora di	*to be eager for, can't wait to*
tutt'a un tratto	*all at once, suddenly*

A. **Sinonimi.** Completi le seguenti frasi con il *sinonimo* delle parole indicate.

1. Mario pensa che qui la gente faccia una bella **vita** e che il clima renda facile la loro _____.

2. Io invece penso che qui ci sia abbastanza **povertà**, anche se non c'è la _____ che c'è in altri posti.

3. Ci sono delle famiglie che vivono in circostanze **insolite**, ma le situazioni di altre non sono _____.

4. Mentre alcune famiglie vedono il futuro con molta **apprensione**, altre non hanno nessun _____.

5. Adesso gli operai non guadagnano molti **soldi**, ma sperano che il loro _____ migliori.

6. Secondo Mario, questo non può **succedere**, ma secondo me, tutto può _____ in questo mondo.

7. Ci sono sempre persone **diffidenti** ma non tutte sono così _____.

B. **Derivare le parole.** Con l'aiuto del dizionario, se necessario, completi le seguenti frasi con *l'aggettivo* derivato dai nomi indicati.

1. Nell'aria c'era molta **umidità**. Era infatti una serata piuttosto _____.

2. C'era un **silenzio** dappertutto. Anche noi eravamo _____.

3. Mentre camminavamo, un uomo si è avvicinato a noi con **indifferenza,** ma io non sono rimasto _____.

4. Giovanna, che è dotata di grande **sensibilità,** si è dimostrata molto _____ verso quell'uomo.

5. Io invece sono sempre pieno di **sospetti** verso gli sconosciuti e ho trovato quest'uomo un tipo _____.

6. Giovanna dice che soffro di **gelosia,** ma io non mi considero affatto un uomo _____.

7. Ad un tratto un incidente di macchina ha creato una notevole **distrazione** e dopo pochi minuti eravamo tutti _____. Anche l'uomo era scomparso.

C. **Definizioni.** Combini le definizioni della colonna A con le parole della colonna B. Ci sono tre parole in più nella colonna B.

A	B
1. È un sinonimo di **regalo.**	a. la specie
2. Si riceve per un lavoro fatto.	b. l'odore
3. È un sinonimo di **profumo.**	c. il rumore
4. È parte di una città.	d. l'avvelenamento
5. È il contrario di **silenzio.**	e. il dono
6. È un lavoratore.	f. il manovale
7. Si fa quando si colgono prodotti agricoli.	g. il cesto
8. un tipo di contenitore	h. la paga
9. una forma di intossicazione	i. il raccolto
10. Qualche volta può causare l'avvelenamento.	j. il quartiere
	k. il sollievo
	l. l'albero
	m. il fungo

D. **Dialogo.** Completi il seguente dialogo con l'equivalente italiano delle espressioni o dei verbi fra parentesi.

—_____ che ci sono molti funghi in questo bosco? *(Did you notice)*

—Lo so. La loro varietà mi _____ in modo particolare. *(struck)*

—Perché non ne _____ un po'? *(we gather)*

—Ma sono appena germinati. Bisogna aspettare che _____ bene. *(they ripen)*

—Dobbiamo fare _____? Credi che possiamo _____ di questi funghi? *(attention/rely on)*

—Certo, _____. *(completely)*

—_____ mangiarli. Perché _____ anche i nostri amici? *(I'm eager for/don't we notify)*

—Non troppo entusiasmo, amico mio. Li _____ dopo il raccolto. *(we shall notify)*

Funghi in città

ITALO CALVINO

Sull'autore

Italo Calvino, uno degli scrittori italiani più originali, nacque a Cuba nel 1923. Dopo la sua nascita, i genitori tornarono in Italia, dove lo scrittore visse fino alla morte, avvenuta nel 1985 a Siena. Calvino passò gli anni della sua gioventù a San Remo, in Liguria. In questa regione, durante la seconda guerra mondiale, collaborò con i partigiani, che erano formazioni volontarie di combattenti organizzate contro le forze tedesche che occupavano l'Italia.

L'autore narrò le sue esperienze di guerra nelle sue prime opere letterarie. Più tardi scrisse la sua famosa trilogia: Il visconte dimezzato, Il barone rampante *e* Il cavaliere inesistente, *opere caratterizzate da straordinaria originalità ed immensa fantasia.*

Calvino scrisse anche molti racconti, in cui criticò il consumismo, l'esagerata industrializzazione della società moderna e la confusione causata dallo stress e dalle pressioni del mondo di oggi. Il racconto «Funghi in città» è tratto dalla collezione intitolata appunto I racconti, *che fu pubblicata nel 1958.*

LETTURA

Il vento, venendo in città da lontano, le porta doni inconsueti di cui s'accorgono solo poche anime sensibili, come *i raffreddati dal fieno*, che starnutano per pollini di fiori d'altre terre.

those suffering from hayfever

5 Un giorno, sulla striscia d'aiola d'un corso cittadino, capitò *chissà donde* una ventata di spore, e ci germinarono dei funghi. Nessuno se ne accorse *tranne* il manovale Marcovaldo che proprio lì prendeva ogni mattina il tram.

who knows from where
eccetto

10 Aveva questo Marcovaldo un occhio *poco adatto* alla vita di città: cartelli, semafori, vetrine, insegne luminose, manifesti, *per studiati che fossero* a colpire l'attenzione, mai fermavano il suo sguardo che pareva scorrere sulle sabbie del deserto. Invece, una fo-
15 glia che ingiallisse su un ramo, una piuma che si impigliasse ad una tegola, non gli sfuggivano mai: non c'era *tafano* sul dorso d'un cavallo, pertugio di tarlo in una tavola, buccia di fico spiaccicata sul marciapiede che Marcovaldo non notasse, e non facesse
20 oggetto di ragionamento, scoprendo i mutamenti della stagione, i desideri del suo animo, e la miseria della sua esistenza.

non preparato

no matter how carefully devised they were

horse fly

Così un mattino, aspettando il tram che lo portava alla ditta dov'era *uomo di fatica*, notò qualcosa
25 d'insolito presso la fermata, nella striscia di terra sterile e incrostata che segue l'alberatura del viale: in certi punti, al ceppo degli alberi, sembrava si gonfiassero bernoccoli che qua e là s'aprivano e lasciavano affiorare *tondeggianti* corpi sotterranei.

man employed for heavy work

rotondi

30 *Si chinò a legarsi* le scarpe e guardò meglio: erano funghi, veri funghi, che stavano spuntando proprio nel cuore della città! A Marcovaldo parve che il mondo grigio e misero che lo circondava diventasse tutt'a un tratto generoso di ricchezze nascoste, e che
35 dalla vita ci si potesse ancora aspettare qualcosa, oltre la paga oraria del salario contrattuale, la *contingenza*, gli *assegni familiari* e il *caropane*.

He bent over to tie

contingency
family allowances
cost of living

Al lavoro fu distratto più del solito; pensava che

mentre lui era lì a scaricare pacchi e casse, nel buio
40 della terra i funghi silenziosi, lenti, conosciuti solo da
lui, maturavano la polpa porosa, assimilavano succhi
sotterranei, rompevano la crosta delle zolle. «Basterebbe una notte di pioggia—si disse,—e già sarebbero da cogliere». E non vedeva l'ora *di mettere a parte*   to inform of the discovery

I FUNGHI

Gli apprezzatissimi frutti nascosti del sottobosco di piante secolari.

45 *della scoperta* sua moglie e i sei figlioli.
—Ecco quel che vi dico!—annunciò durante il magro desinare. Entro la settimana mangeremo funghi! Una bella frittura! V'assicuro!
E ai bambini più piccoli, che non sapevano cosa i
50 funghi fossero, spiegò con trasporto la bellezza delle loro molte specie, la delicatezza del loro sapore, e

come si doveva cucinarli; e trascinò così nella discussione anche sua moglie, che *s'era mostrata* fino a quel momento piuttosto incredula e distratta. era stata

55 — E dove sono questi funghi? — domandarono i bambini — Dicci dove crescono!

A quella domanda l'entusiasmo di Marcovaldo *fu frenato* da un ragionamento sospettoso: «Ecco che io dico loro il posto, loro vanno a cercarli con una delle 60 solite bande di *monelli*, si sparge la voce nel quartiere, e i funghi finiscono nelle casseruole *altrui!*» Così, quella scoperta che subito gli aveva riempito il cuore d'amore universale, ora gli metteva la smania del possesso, lo circondava di timore geloso e diffidente. fu fermato
ragazzi di strada
somebody else's

65 — Il posto dei funghi lo so io e io solo, — disse ai figli, — e *guai a voi* se vi lasciate sfuggire una parola. you're in trouble

Il mattino dopo, avvicinandosi alla fermata del tram, era pieno di apprensione. Si chinò sull'aiola e con sollievo vide i funghi un po' cresciuti ma non molto, ancora nascosti quasi del tutto dalla terra.

70 Era così chinato, quando s'accorse d'aver qualcuno alle spalle. S'alzò di scatto e cercò *di darsi un'aria indifferente*. C'era uno spazzino che lo stava guardando, appoggiato alla sua scopa. to assume an air of indifference

Questo spazzino, nella cui giurisdizione si trova-75 vano i funghi, era un giovane *occhialuto e spilungone*. Si chiamava Amadigi, e a Marcovaldo era antipatico da tempo, non sapeva neanche lui perché. Forse gli davano noia quegli occhiali che scrutavano l'asfalto delle strade per cancellarvi ogni traccia naturale. con gli occhiali e molto alto

80 Era sabato; e Marcovaldo passò la mezza giornata libera girando con aria distratta *nei pressi dell'*aiola, tenendo d'occhio di lontano lo spazzino e i funghi, e *facendo il conto* di quanto tempo *ci voleva* a farli crescere. vicino all'
figuring out/era necessario

85 La notte piovve: come i contadini dopo mesi di siccità si svegliano e balzano di gioia al rumore delle prime gocce, così Marcovaldo, unico in tutta la città, si levò a sedere nel letto, chiamò i familiari. «È la pioggia, è la pioggia», e respirò l'odore di polvere bagnata e 90 muffa fresca che veniva di fuori.

All'alba — era domenica —, coi bambini, con un

cesto *preso in prestito*, corse subito all'aiola. I funghi c'erano, ritti sui loro gambi, coi cappucci alti sulla terra ancora *zuppa* d'acqua. —*Evviva!* — e si buttarono a raccoglierli.

—Babbo! guarda quel signore lì quanti ne ha presi! — disse Michelino, e il padre alzando il capo vide in piedi *accanto* a loro, Amadigi anche lui con un cesto pieno di funghi sotto il braccio.

—Ah, li raccogliete anche voi? — fece lo spazzino — Allora sono buoni da mangiare? Io ne ho presi un po' ma non sapevo se fidarmi . . . *Più in là* nel corso ce n'è nati di più grossi ancora . . . Bene, adesso che lo so, avverto i miei parenti che sono là a discutere se conviene raccoglierli o lasciarli . . . —e s'allontanò di *gran passo*.

Marcovaldo restò *senza parola*: funghi ancora più grossi, di cui lui non s'era accorto, un raccolto mai sperato, che gli veniva portato via così, *di sotto il naso*. Restò un momento quasi *impietrito* dall'ira, dalla rabbia, poi — come talora avviene — il tracollo di quelle passioni individuali si trasformò in uno slancio generoso: —Ehi, *voialtri!* Volete farvi un fritto di funghi questa sera? —gridò alla gente *assiepata* alla fermata del tram. —Sono cresciuti i funghi qui nel corso! Venite con me! Ce n'è per tutti! — e si mise *alle calcagna* di Amadigi, seguito da *un codazzo* di persone con l'ombrello appeso al braccio, perché il tempo restava umido e incerto.

Trovarono ancora funghi per tutti, e in mancanza di cesti, li misero negli ombrelli aperti. Qualcuno disse: — Sarebbe bello fare un pranzo tutti insieme! — Invece ognuno prese i suoi funghi e andò a casa propria.

Ma si rividero presto, anzi la stessa sera, *nella medesima corsia* dell'ospedale, dopo la *lavatura gastrica* che li aveva tutti salvati dall'avvelenamento, non grave perché la quantità di funghi mangiati da ciascuno era assai poca.

Marcovaldo e Amadigi avevano i letti vicini e *si guardavano in cagnesco*.

(da *I racconti*)

58 Buon appetito!

DOPO LA LETTURA

A. **Comprensione della lettura.** Per ognuna delle seguenti domande ci sono *due* risposte corrette. Indichi quali sono.

1. Che cosa faceva Marcovaldo ogni giorno?
   a. Andava a lavorare.
   b. Prendeva il raffreddore.
   c. Prendeva il tram.

2. Da che cosa fu colpita l'attenzione di Marcovaldo una mattina mentre prendeva il tram?
   a. Dai funghi che crescevano in città.
   b. Da corpi rotondi che crescevano vicino a un albero.
   c. Da nuove insegne che illuminavano la città.

3. Come cominciò a sentirsi Marcovaldo dopo la scoperta dei funghi?
   a. Era soddisfatto perché avrebbe venduto quei funghi al mercato.
   b. Riacquistò fiducia nel mondo e nella vita.
   c. Era felice perché li avrebbe fatti mangiare alla sua famiglia numerosa che aveva sempre molta fame.

4. Perché Marcovaldo non rivelò il posto dei funghi ai figli?
   a. Non voleva che i figli li mangiassero.
   b. Temeva che i figli andassero a coglierli con i loro amici.
   c. Aveva paura che i vicini li scoprissero e li cogliessero prima di lui.

5. Chi era Amadigi?
   a. Era un giovane a cui interessavano i funghi.
   b. Era il capo di Marcovaldo.
   c. Era uno spazzino della città.

6. Perché Marcovaldo e la sua famiglia si ritrovarono in ospedale insieme ad Amadigi e i suoi parenti?
   a. Perché tutti avevano mangiato funghi cattivi.
   b. Perché erano tutti feriti dopo la lotta per i funghi.
   c. Avevano dovuto farsi la lavanda gastrica perché i funghi erano velenosi.

B. **Chi è?** Chi pensa, dice o fa queste cose: Marcovaldo, la moglie, i figli o Amadigi?

1. Invita i suoi parenti a raccogliere i funghi.
2. Volete farvi un fritto di funghi? Venite con me.
3. Dove sono questi funghi? Dicci dove crescono.
4. Se li raccoglie lui, i funghi devono essere buoni.
5. Ci sono altri funghi più in là nel corso della città.
6. La vita all'improvviso può essere veramente generosa.
7. Non credeva molto a questa storia dei funghi.

C. **Minidramma.** Immagini che ci sia uno scambio di parole fra Marcovaldo e Amadigi prima di uscire dall'ospedale. Con un altro studente/un'altra studentessa prepari un dialogo appropriato da presentare davanti alla classe.

D. **Temi di discussione**

1. Dica quali erano le cose che l'occhio di Marcovaldo notava e perché le notava.
2. Descriva il lavoro e la vita quotidiana di Marcovaldo.
3. Commenti i sentimenti di diffidenza e di gelosia che Marcovaldo nutre verso Amadigi.

7

Tartufo

GIOVANNI ARPINO

PRIMA DI LEGGERE

Parole ed espressioni

l'acquirente	*buyer*
avido/a	*eager, greedy*
balordo/a	*stupid*
la bottega	*shop*
brontolare	*to grumble*
buio/a	*dark*
chiacchierare	*to chat, to gossip*
il compratore	*buyer*
contento/a	*glad*
la fatica	*labor, hard work*
il fucile	*rifle*
furbo/a	*cunning*
matto/a	*mad*
minacciare	*to threaten*
minaccioso/a	*threatening*
il parere	*opinion*
il pendolare	*commuter*
sparare	*to shoot*
strillare	*to scream*

Tartufo **61**

tacere	*to be silent*
il tartufo	*truffle*
urlare	*to shout, to scream*
il venditore	*seller*
la vigna	*vineyard*
farcela	*to make it*
fare un affare	*to make a deal*
al giorno d'oggi	*nowadays*
nascere con la camicia	*to be born with a silver spoon in one's mouth*

A. **Vendere una casa.** Completi le seguenti frasi con il *sinonimo* delle parole indicate.

1. È arrivato un **compratore**, ma bisognerebbe aspettare gli altri _____ .

2. Tutti i compratori sono **astuti**, ma questo è il più _____ di tutti.

3. Certamente non è **stupido**, ma neanche il venditore è _____ .

4. Il venditore non ascolta l'**opinione** dell'acquirente, ma vuole conoscere il _____ di sua moglie.

5. La moglie vorrebbe **strillare** al compratore, ma il marito le dice di non _____ a nessuno.

6. Il marito le raccomanda di **stare zitta** e allora lei _____ .

7. Alla fine il venditore è **soddisfatto** dell'affare ed anche sua moglie ne è _____ .

8. Hanno fatto molti **lavori duri** nella loro vita e ora le loro _____ sono state ricompensate.

B. **L'amicizia.** Completi il seguente brano con la forma appropriata di una delle parole indicate fra parentesi.

Devo _____ (riconoscere, interrompere) che sono un po' _____ (minaccioso, matto). Ho la _____ (fortuna, mania) degli spaghetti al _____ (smania, tartufo). Io lavoro in città e faccio il _____ (pendolare, vigna), ma durante il fine-settimana sono qui in paese. Spesso il sabato mattina vado alla _____ (bottega, fatica) di Emilio e lì _____ (significare, chiacchierare) con lui. Qualche volta rimango fino a mezzogiorno ed Emilio mi invita a mangiare una _____ (fatica, frittata) con lui. Allora io comincio a _____ (tacere, brontolare) e poi dico di non aver fame. Allora lui _____ (minacciare, sparare) di rompere il nostro legame di amicizia e, per farmi restare, promette che dopo andremo al bosco vicino alla sua _____ (vigna, fatica) in cerca di tartufi. Difatti, dopo il caffè, io, Emilio e il suo cane andiamo in campagna. Emilio prende anche il _____ (fucile, venditore) perché gli piace _____ (urlare, sparare) agli animali selvatici. Torniamo a casa quando è _____ (avido, buio) e ci prepariamo un bel piatto di spaghetti al tartufo.

C. **Un buon acquisto.** Completi il seguente dialogo con l'equivalente italiano delle espressioni fra parentesi.

—Hai comprato poi la macchina da corsa?
—Sì, finalmente _____. *(I made it)*
—Auguri!
—Grazie. Ti dico anche che _____. *(I got a good deal)*
—Sono veramente contenta.
—Sai, _____ non è facile fare buoni acquisti. *(nowadays)*
—Ma io ho sempre detto che tu _____. *(were born with a silver spoon in your mouth)*

Tartufo

GIOVANNI ARPINO

Sull'autore

Giovanni Arpino è nato a Pola nel 1927, ma ha vissuto a lungo a Torino. Ha scritto romanzi, commedie, racconti e poesie, ed è uno degli scrittori italiani più tradotti. Pubblicò il suo primo romanzo nel 1952 per una collana di romanzi diretta dallo scrittore Elio Vittorini. Alcuni dei suoi romanzi più conosciuti sono La suora giovane, Un delitto d'onore *e* L'ombra delle colline, *per cui ha ottenuto il prestigioso premio letterario Strega nel 1964.*

Giovanni Arpino ha scritto anche libri per ragazzi e molti articoli per varie riviste e quotidiani. Una delle sue collezioni di racconti «Raccontami una storia», pubblicato nel 1982, contiene «Tartufo». In questo racconto, l'autore narra come un uomo di campagna che ha lavorato molti anni in una fabbrica della città è costretto a vendere una vigna dove apparentemente ha trascorso molte ore felici con gli amici. Nonostante abbia ricevuto una bella somma di denaro per la vendita, il suo senso di disperazione cresce quando un suo amico gli spiega perché gli hanno dato tanti soldi per quella vigna.

LETTURA

«Sarai contenta», disse l'uomo, entrando e subito cercando il bottiglione del vino. Sul *davanzale della finestra* era il bicchiere, con ramificate incrostazioni violacee. Sedette, appoggiandosi al tavolo della cu-
5 cina, la guancia ispida e angolosa nella mano.

«Contenta me, contenti tutti. Ma di cosa», gli rispose la moglie che andava *sferruzzando una cuffia* per il nipotino. E mostrò le rughe astute intorno agli occhi.

«Venduta. Venduta la vigna. Non lo ripetevi da
10 anni che dovevo venderla? Che era dannazione? Tempo sprecato? Un rettangolo di fatiche inutili?», brontolò l'uomo, ma il suono della voce pareva minaccioso anche se apparentemente quieto.

E poi: «*Toh*. Prendili. Mettili sul *libretto alla posta*.
15 Sono soldi che non voglio neanche vedere».

Dalla tasca levò il denaro, un breve spessore di

window sill

knitting away a bonnet

Ecco/postal savings account

biglietti avvolti nella carta del contratto. La moglie li guardò, interruppe il lavoro, ma non osò avanzare subito le dita.

20 «Ti avranno dato *un boccone di pane*», dubitò.   pochi soldi

«Due. Due e mezzo. Anche troppi. Non dicevi che valeva zero? Allora questo è regalo. Dovrebbe esserlo, almeno per te. Stessi ogni tanto zitta», rifiatò l'uomo, già stanco.

25 Le dita avevano trovato il coraggio, si allungarono e presero a contare, via via spedendo ordini nervosi che pacificarono le rughe intorno agli occhi, lungo la fronte.

«*Beh*, sei stato bravo», riconobbe lei.   Bene

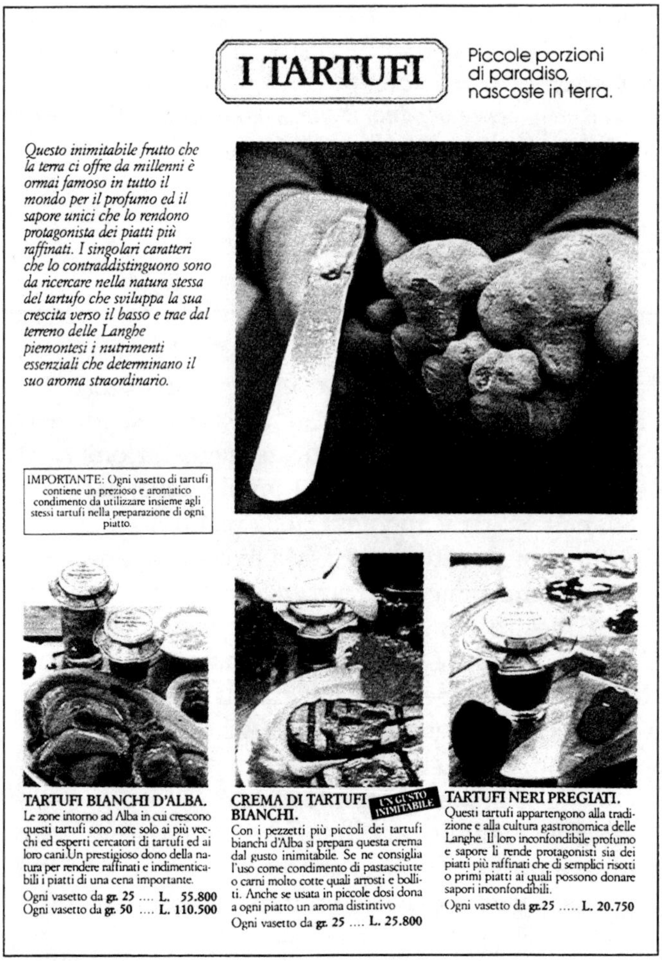

I TARTUFI
Piccole porzioni di paradiso, nascoste in terra.

Questo inimitabile frutto che la terra ci offre da millenni è ormai famoso in tutto il mondo per il profumo ed il sapore unici che lo rendono protagonista dei piatti più raffinati. I singolari caratteri che lo contraddistinguono sono da ricercare nella natura stessa del tartufo che sviluppa la sua crescita verso il basso e trae dal terreno delle Langhe piemontesi i nutrimenti essenziali che determinano il suo aroma straordinario.

IMPORTANTE: Ogni vasetto di tartufi contiene un prezioso e aromatico condimento da utilizzare insieme agli stessi tartufi nella preparazione di ogni piatto.

TARTUFI BIANCHI D'ALBA. Le zone intorno ad Alba in cui crescono questi tartufi sono note solo ai più vecchi ed esperti cercatori di tartufi ed ai loro cani. Un prestigioso dono della natura per rendere raffinati e indimenticabili i piatti di una cena importante.
Ogni vasetto da gr. 25 .... L. 55.800
Ogni vasetto da gr. 50 .... L. 110.500

CREMA DI TARTUFI BIANCHI. UN GUSTO INIMITABILE
Con i pezzetti più piccoli dei tartufi bianchi d'Alba si prepara questa crema dal gusto inimitabile. Se ne consiglia l'uso come condimento di pastasciutte o carni molto cotte quali arrosti e bolliti. Anche se usata in piccole dosi dona a ogni piatto un aroma distintivo.
Ogni vasetto da gr. 25 .... L. 25.800

TARTUFI NERI PREGIATI. Questi tartufi appartengono alla tradizione e alla cultura gastronomica delle Langhe. Il loro inconfondibile profumo e sapore li rende protagonisti sia dei piatti più raffinati che di semplici risotti o primi piatti ai quali possono donare sapori inconfondibili.
Ogni vasetto da gr.25 .... L. 20.750

«Bravo a cosa. A liquidare. Uno che vende il suo, dov'è che è bravo. Ma chiudi quella bocca», respinse l'uomo.

«Ti serviva a niente. E non t'è mai servita. Solo agli amici tuoi, belle creature: che li portavi là a fare merende. E chissà cos'altro. Non per *rivangare*. Cosa vuoi che me ne importi», rimasticò la donna soppesando ancora il denaro. Poi lo depose con precauzione sul tavolo, rimirandolo. *to bring it up again*

L'uomo tacque. Neppure lui aveva voglia di ripensare agli anni andati, alle merende, salsiccia e peperoni, vitello tonnato e *reggimenti di* bottiglie allineate. E una volta era arrivata lei, *pescando* marito e compagnia che facevano ballare sul tavolo una di quelle, trovata chissà dove, la *vergogna*. *molte / trovando / shame*

«Così è fatta. Dente levato. Finiti i fastidi», concluse.

«Mai avrei pensato che ce l'avresti fatta. Due *filari* balordi. L'orto selvatico. Una *catapecchia* che non servirebbe come gabbia per conigli. Dovrei dirti: bravo. Con la smania che avevi per quello *straccio* di vigna», cogitò la donna. *rows (of vines)/hut / di poco valore*

«Non sono nato scemo», accolse lui, ponderando: «e la spesa del notaio sta *sul gobbo* al compratore. Bel fatto, no? Si vede che *ci teneva proprio*. La vita». *La deve pagare / really wanted it*

«Per la nostra età, un peso di meno. Tanto ai giovani, figli o nipoti che siano, queste cose non interessano più», sospirò la donna.

«Solo i motori gli interessano. Dormirebbero in automobile. Teste da *semaforo* che si ritrovano. Cosa si mangia stasera?», cambiò subito l'uomo. *traffic lights*

«Frittata di patate. Se vuoi una minestrina, prima . . .»

«Basta e avanza», si versò da bere l'uomo.

Poi andò alla finestra, impalato a guardare i voli delle *rondini* contro il campanile della piazza. *Saettavano* con strida improvvise, il cielo era d'un azzurro troppo terso, feriva gli occhi. La donna si era alzata e, deposto il lavoro nel cestino, trafficava spiegando un primo lembo di tovaglia. Per loro due soli, una metà del tavolo apparecchiato era sufficiente. *swallows/They would dart across*

«Se andassi a fumare fuori, mentre finisco», disse.

«Quarant' anni che brontoli le stesse cose. Quarant'anni che provi disgusto per un sigaro», fece l'uomo avviandosi, ma quasi di buonumore.

Scese le scale di quella casa decrepita, sedette in cortile sul gradino. Attorno: la sarta seguitava a cucire al balcone per risparmiare la luce, il venditore *ambulante* di borse e cinghie e portafogli aveva già sistemato il camioncino nel garage che una volta era stato portico per cavalli e mule, nel rettangolo del cielo al sommo dei tetti le rondini continuavano a sfrecciare in curve violente. *traveling*

L'uomo pensò alla città, dov'era andato come pendolare di fabbrica per decenni. Rivide Torino, un attimo: le luci della stazione, il *vortichio* di auto, l'odore di *fuliggine*, i *tacchi sottili* delle donne. Rivisse le proprie stanche ossa abbandonate sull'*«accelerato»* delle 19.15 che lo riportava a casa tra teste di operai *ciondolanti*, studenti avidi di incontri su e giù per i corridoi. Rivide il *comizio* di Togliatti,[1] un sabato, bandiere e occhi giravano in *turbinii* che ancora gli dispiacquero nella memoria. *whirl / soot/slim heels / treno locale / lolling / political rally / turmoil*

Troppe cose *urgono* per fare una vita, poi le perdi, *si sbriciolano*, ed eccoti lì, e chi sei? *sono necessarie / they crumble away*

Vide avanzare *l'armaiolo* del vicolo. Si conoscevano dalle elementari. *gunsmith*

«Ehi, bel moro», disse l'armaiolo, e si accucciò senza aggiungere parola.

«Venduta la vigna», lo informò l'uomo.

«Lo so», rispose l'armaiolo.

«Paese di *pettegoli* che non siamo altro. L'ho venduta tre ore fa e tutti sanno già tutto», finse di stupirsi l'uomo. *gossip*

«Ciascuno di noi è una radio clandestina», rise l'armaiolo. Mandava odore di polveri, di fustagno vecchio. Gli *zigomi* magri lo facevano rassomigliare ad un uccello rapace. *cheek bones*

«Ho fatto un affare», si decise l'uomo.

«Sì?», pronunciò soltanto l'altro.

---

[1] Palmiro Togliatti (1893-1964) Segretario del Partito Comunista Italiano nel dopoguerra

«Come sarebbe quel tuo 'sì'. Cosa significherebbe. Che cosa», si risentì l'uomo.

L'armaiolo *strinse* le spalle. Accese una sigaretta.   *shrugged*

¹¹⁵ «Sempre tranquillo, qui. E la sarta: donna *di una*   *old-fashioned*
volta. Lavora finché è buio», commentò.

«E adesso dove vuoi finire? Nella storia della *rava*   *radish and fava beans*
e la fava? Cosa volevi dire con quel 'sì': spiegati. Siamo mica nati ieri», andava oscuramente inferocendosi
¹²⁰ l'uomo.

«Ma hai fatto bene. Aveva ragione tua moglie. Non eri affezionato a quella vigna. Perché non dirlo? Ti sei levato un fastidio», brontolò l'armaiolo.

«Fastidio. Questo è certo. Non abbiamo più l'età
¹²⁵ per far merende. E lascia perdere il parere di mia moglie. Conta come il *due di picche*. Ma tu sai qual-   *two of spades (very little)*
cosa. Sai anche il prezzo che mi hanno pagato?»

L'armaiolo *annuì*.   *nodded*

«Nella tua bottega chiacchierate più di dieci
¹³⁰ serve», spregiò l'uomo.

«Nove. Stasera, nove. Non sei venuto, tu», rise l'armaiolo.

«E allora non dirmi che non ho avuto un bel prezzo. Con la registrazione del notaio a parte», sbottò
¹³⁵ l'uomo.

L'altro strinse ancora le spalle.

«Ma che ti mangiasse il diavolo», balbettò sconcertato l'uomo: «Che cosa c'è, allora».

«Dicono: tartufi», esalò l'armaiolo.

¹⁴⁰ E sentì il *singulto*, la stupefazione rugginosa nelle   *sob*
corde vocali dell'amico.

Che si riebbe e fece, in un filo: «Mai visti. Ho anche *zappato*, qualche volta. Piantato pomodori.   *hoed*
Due anni fa: persino patate. Mai visti tartufi. O che
¹⁴⁵ storia sarebbe».

«Comperata e fatta. Subito li ha trovati, quel tuo acquirente. Si vede che conosceva il terreno. Subito. Te lo dico io: una meraviglia da almeno *sei etti*».   *seicento grammi*

L'uomo non sembrò accogliere. Pareva *raggrin-*   *wrinkled*
¹⁵⁰ *zito* sul gradino, finché ebbe un balzo. Come sfiatandosi su per le scale, piombò in cucina e dopo un attimo rientrava dalla camera da letto con il «*sovrapposto*»   *tipo di fucile*
puntato.

«O Dio, i numeri», gridò la moglie davanti al
155 fucile.
«I numeri dalli presto perché hai un minuto di
vita», urlò lui: «*Mi hai sfondato i timpani* perché ven-   *You made me deaf*
dessi quella vigna, e adesso ci trovano i tartufi e io
passerò per lo scemo del paese. Ma allora t'impiombo
160 e ci rivediamo all'inferno».
La faccia *spigolosa* dell'armaiolo apparve alla   *angular*
porta.
«Ma cosa succede. Sei matto. Era uno scherzo.
Giuro. Scusi, signora, ma era uno scherzo. Niente
165 vera la storia del tartufo. Potessi *crepare* qui subito.   *morire*
Metti via *l'arma*, amico».   *weapon*
«Scherzo? Quale scherzo? Non ho nessuna voglia di scherzare», fece dondolar le canne l'uomo.
«E allora spara a lui, visto che *ti hanno fatto su*»,   *they fooled you*
170 strillò la moglie, pallidamente sedendosi accanto al
gas.
«È vero. Su, metti via quel *robo*. Mi hanno spinto   *cosa*
gli altri, gli amici. Tu e la tua mania di vendere e non
vendere quello straccio di vigna. Che *ci rintroni* da   *deafen*
175 anni. Così, stasera . . .» ciondolava l'armaiolo,
aguzzando gli occhi.
Con infinita attenzione, l'uomo depose il fucile.
«Vedi tu», disse alla moglie: «Vedi tu se non nasci
fortunata. Sei viva per miracolo. Dovresti fare una
180 novena, credi a me».
«Ah sì. Ah sono proprio nata con la camicia. Ah
sì. Prima son lì per spararmi poi mi ridono dietro»,
sbottò.
«Silenzio. Hai più fortuna che anima», impose
185 l'uomo.
«Certo che se uno non ha fortuna in questa casa
non avrebbe *campato*», ripiegò la donna.   *lived*
«Beh, io vado e scusate tanto», stava ritraendosi
l'armaiolo.
190 «Con te ci vediamo dopo. Con tutti voi ci vediamo quando e come dirò io», minacciò l'uomo.
«Se ti siedi, la frittata è pronta. Con le patate è
buona calda», riprese la donna.
«Tartufi. Parlare a me di tartufi. Come se fossi

vissuto in una stalla. Come se non conoscessi chi fa il
furbo e chi no. Gente che ha ancora voglia di ridere, al
giorno d'oggi. *Razza di tipi*», si accomodò l'uomo.   *What characters*
   «Ti dicessero che un asino vola, tu subito alzi la
testa», sospirò la donna.
   «Sì? Dev'essere così che ti ho trovata, allora»,
ribatté l'uomo a bocca piena, ma calmo: «Apri la radio.
Sentiamo cosa fanno a Roma quei bei *tomi* che ci   *characters*
governano».

(da *Raccontami una storia*)

DOPO LA LETTURA

A. **Domande.** Risponda alle seguenti domande sulla lettura.

1. Con chi parla l'uomo quando entra in casa? Di che cosa parla?
2. Cosa dice la donna al marito dopo aver contato i soldi?
3. Di solito cosa mangiavano l'uomo e i suoi amici quando facevano le merende nella vigna?
4. A chi interessa di più vendere la vigna, all'uomo o a sua moglie? Per quali motivi?
5. Che cosa prepara per cena la moglie?
6. Che cosa non ha mai sopportato la moglie durante tanti anni di matrimonio?
7. Dove aveva lavorato l'uomo? Per quanto tempo?
8. Chi viene a salutare l'uomo? Da quanto tempo si conoscono i due?
9. Come sa l'amico che l'uomo ha venduto la vigna?
10. Secondo l'amico, perché l'uomo ha ricevuto molti soldi per la vigna?
11. Perché l'uomo minaccia la moglie con il fucile?
12. Perché l'armaiolo si scusa con l'uomo e con sua moglie?

B. **Comprensione della lettura.** Narri quello che succede nel racconto secondo i seguenti suggerimenti.

1. L'uomo torna a casa.
   - Che cosa cerca quando entra?
   - Che cosa ha venduto?
   - Che cosa dà alla moglie?

2. La moglie conta i soldi.
   - È soddisfatta della vendita?
   - A volte il marito e gli amici che cosa facevano nella vigna?
   - Secondo la donna, com'era la vigna?

3. La moglie si mette a preparare la cena.
   - Cosa guarda l'uomo dalla finestra?
   - Perché va a fumare fuori?
   - Da quanto tempo l'uomo era sposato con questa donna?

4. L'uomo si siede a fumare nel cortile.
   - Chi vede l'uomo?
   - Cosa faceva la sarta? Cosa faceva il venditore ambulante?
   - Che cosa ricorda l'uomo mentre è nel cortile?

5. Dopo un po' di tempo arriva un vicino.
   - Che lavoro fa quest'uomo? Com'è?
   - Di che cosa parlano i due uomini?
   - Secondo il vicino, perché il compratore ha comprato la vigna?

6. L'uomo rimane stupefatto da quello che gli dice l'armaiolo.
   - Cosa ha piantato l'uomo nel passato nella sua vigna?
   - Secondo l'armaiolo, quanti tartufi ha trovato il compratore nella vigna?
   - Allora l'uomo dove va?

7. L'uomo vuole uccidere la moglie.
   - Come vuole ucciderla?
   - Perché vuole ucciderla?
   - Chi entra in casa nel frattempo?

8. L'armaiolo confessa che quello che ha detto è uno scherzo.
   - Chi lo ha spinto a dire che c'erano tartufi nella vigna?
   - Cosa fa l'uomo con il fucile?
   - Cosa dice l'uomo alla moglie?

9. L'armaiolo si scusa e va via.
   - Cosa dice l'uomo all'armaiolo?

- Secondo la moglie, che tipo è il marito?
- Mentre mangia, perché l'uomo vuole ascoltare la radio?

C. **Chi è?** Dica se le seguenti descrizioni o azioni si riferiscono all'uomo, a sua moglie, al compratore della vigna o all'armaiolo.

1. Qualche volta invitava gli amici a fare merenda nella vigna.
2. Deve pagare le spese del notaio.
3. Prepara una frittata di patate.
4. Va in camera e prende il fucile.
5. Aveva frequentato le elementari insieme all'uomo.
6. Ha una bottega in un vicolo.
7. Aveva lavorato a Torino per molti anni.
8. Faceva una cuffia per il nipote.
9. Aveva pagato una bella somma di denaro per la vigna.
10. Non sopporta l'odore del sigaro.
11. Vuole sparare alla donna.
12. Era da anni che voleva vendere la vigna.
13. Dice che il compratore ha trovato i tartufi nella vigna.
14. Secondo lui, ai figli interessano solo le macchine.
15. Ha la faccia di un uccello rapace.

D. **Minidramma.** Rappresenti la propria versione del racconto insieme a tre o quattro studenti/studentesse. Inventi anche dettagli che non sono nel racconto.

E. **Temi di discussione**

1. Discuta il rapporto che esiste fra l'uomo e sua moglie.
2. Analizzi il tema del maschilismo nel racconto.
3. Commenti i sentimenti che sente verso la terra l'uomo che ha lavorato per molti anni in fabbrica.

Oriana Fallaci, author of many books including *Letter to a Child Never Born*, *A Man* and, her latest novel, *Insciallah*.

III

LA DONNA MODERNA

- ATTUALITÀ *La bionda, la bruna e l'asino,* Dacia Maraini
- ATTUALITÀ *Parlando di donne al volante,* Giorgio Schön
- RACCONTO *Amori d'estate,* Carlo Castellaneta
- RACCONTO *Un codice di bellezza,* Gianna Manzini

La donna ha raggiunto oggi in Italia una posizione di tutto rispetto sia nella famiglia che nella società. Da una posizione di dipendenza dal marito o dai genitori, dalla mancanza di libertà economica, da sola responsabile della casa e dell'educazione dei figli, la donna italiana ha fatto un progresso notevole e la sua condizione è cambiata moltissimo. La donna italiana è oggi una donna moderna.

Dimostrazioni di piazza, lotte sociali e discussioni politiche hanno contribuito a questa trasformazione della donna. Con il passare degli anni, essa ha acquistato l'indipendenza economica con l'entrata sempre più decisa nel mondo del lavoro. Ha inoltre intrapreso studi e carriere prima riservate solo agli uomini ed ha convinto il marito a dividere con lei le responsabilità economiche e morali della famiglia. Così facendo, la donna italiana moderna si è collocata quasi dappertutto sullo stesso livello dell'uomo.

Nel saggio «La bionda, la bruna e l'asino» Dacia Maraini mette in risalto sia la condizione femminile che la donna come persona, sebbene vista ancora con un occhio maschile. Nonostante gli anni di lotta e le vittorie raggiunte, per qualcuno la donna rimane sempre e solo donna.

Nell'articolo di Giorgio Schön viene a cadere un antico pregiudizio contro le donne automobiliste. Un vecchio detto «Donne al volante, pericolo costante» certamente oggi non è più valido.

In «Amori d'estate» Carlo Castellaneta ci presenta un divertente rapporto di amicizia tra due donne sposate, ma separate. L'amicizia che le lega rappresenta per loro un forte vincolo che le aiuta a superare i momenti più difficili.

Gianna Manzini, in «Un codice di bellezza», ci fa vedere la bellezza femminile attraverso gli occhi di ragazze adolescenti. Esiste la bellezza come un insieme ben definito di canoni e numeri o non è essa piuttosto un qualcosa molto vago e soggettivo?

8

La bionda, la bruna e l'asino

DACIA MARAINI

PRIMA DI LEGGERE

Parole ed espressioni

agire	*to act*
l'amicizia	*friendship*
approfittare (di)	*to take advantage (of)*
l'asino	*donkey*
l'azienda	*firm, business*
biondo/a	*blond*
bruno/a	*brunette*
l'essere	*being*
la favola	*fairy tale*
forte	*strong*
gridare	*to shout*
ignobile	*ignoble, mean*
l'imprecisione	*inaccuracy*
lusingato/a	*flattered*
opprimere	*to oppress*
il pettegolezzo	*gossip*
il potere	*power*
sdegnato/a	*irritated*
lo smarrimento	*loss, bewilderment*

solidarizzare	*to support one another*
sostenere	*to support*
tiranneggiare	*to tyrannize, to oppress*
che vergogna!	*what a shame!*
le faccende domestiche	*housework*

A. **Contrari.** Completi le seguenti frasi con i *contrari* delle parole indicate.

1. Ho due amiche; una è **bionda** e l'altra è _____.
2. Mentre Tiziana fa tutto con **precisione**, Elena è una specialista dell'_____.
3. Elena **si dimentica** sempre tutto, ma Tiziana _____ di ogni minimo particolare.
4. E se Elena è una persona molto _____, Tiziana è piuttosto **debole**.
5. Mentre Tiziana veste sempre alla **perfezione**, c'è spesso molta _____ nel vestire di Elena.
6. Ma non importa se una è **precisa** e l'altra è _____.
7. Ambedue sono **nobili** di animo e nessuna delle due ha mai fatto un'azione _____.

B. **La parola giusta.** Completi le seguenti frasi con la forma corretta della parola giusta presa dall'elenco di destra.

1. un _____ e un cavallo
2. negli uffici, nelle _____ e nelle fabbriche
3. gli animali e gli _____ umani
4. opprimere e _____
5. le _____ per bambini

a. favola
b. sdegnato/a
c. tiranneggiare
d. amicizia
e. smarrimento
f. asino

6. una donna _____
7. un forte sentimento di _____
8. uno stato di _____

g. azienda
h. essere

C. **Definizioni.** Scelga la parola giusta di destra per ogni definizione di sinistra. Nella colonna di destra ci sono tre parole in più.

1. contrario di **opporre**
2. È un'indiscrezione.
3. un sinonimo di **irritato**
4. lavori di casa
5. un sinonimo di **avvantaggiarsi**
6. È usato dalle autorità.
7. parlare ad alta voce
8. un'esclamazione che esprime imbarazzo

a. approfittare
b. gridare
c. solidarizzare
d. sostenere
e. potere
f. lusingato
g. pettegolezzo
h. che vergogna!
i. sdegnato
j. godere
k. faccende domestiche

La bionda, la bruna e l'asino

DACIA MARAINI

Sull'autore

Il primo romanzo di Dacia Maraini è stato La vacanza, *pubblicato nel 1962. Ma nel 1963,* L'età del malessere *la rese famosa per aver ottenuto un premio letterario per opere inedite. Questa scrittrice, nata a Firenze nel 1936, ha scritto numerosi romanzi, testi teatrali, poesie, articoli e saggi. Un tema che le interessa particolarmente è la condizione femminile a cui ha dedicato vari libri e articoli.*

Donne mie, un suo libro pubblicato nel 1974, è il risultato di un'inchiesta sulla condizione della donna basata su una serie di interviste alle donne povere di Roma.

Nell'articolo «La bionda, la bruna e l'asino», l'autrice parla dell'ambiguità della società verso la condizione femminile. Quest'articolo è tratto dal libro omonimo, una raccolta di saggi e articoli, che la Maraini ha scritto per vari giornali italiani durante gli anni settanta e ottanta.

LETTURA

Da una parte si dice: fra le donne non c'è amicizia, non c'è solidarietà; guardate come *si aggrediscono*, come ciascuna difende il suo piccolo spazio sputando sulle altre!

₅ Quando invece queste donne si riuniscono, creano dei gruppi di lavoro, o di studio, quando si difendono *a vicenda*, quando solidarizzano pubblicamente, allora si dice: ecco la mafia delle donne, guardate come si sostengono, come *fanno quadrato, come* ₁₀ *tengono stretto* quel po' di potere che hanno!

C'erano una volta una bionda, una bruna e un asino che andavano verso Samo.[1] Qualcuno guardandole si indignò: «Guarda che *ci tocca* vedere, la bionda che tira l'asino a piedi e la bruna che sta *in* ₁₅ *groppa* a farsi portare comodamente, certamente una è ricca e l'altra povera, certamente una approfitta dell'altra, che vergogna!».

Così la bruna scese e fece salire la bionda. E subito la gente mormorò sdegnata: «Guarda che ci ₂₀ tocca vedere, la bruna a piedi che tira l'asino e la bionda in groppa che *se la spassa*, certamente una tiranneggia l'altra perché è più giovane e forte, che vergogna!».

La bionda e la bruna, per evitare altri commenti ₂₅ *astiosi*, montarono tutte e due sull'asino e la gente subito gridò scandalizzata: «Guarda che ci tocca vedere: due donne che opprimono un povero asino, che vergogna!».

si attaccano

in turn

how determined they are, how they hold on

dobbiamo
on the back

si diverte

spiteful

---

[1] isola greca, Samos

La bionda, la bruna e l'asino   **79**

La prossima settimana
non perdete
GRAZIA

NUMERO SPECIALE BELLEZZA

Viso, capelli, corpo, trucco, profumi... i «punti caldi» della bellezza in questa edizione straordinaria, con tutti i consigli di Elena Melik per affrontare senza rischi l'inverno.

La favola delle due che vanno a Samo con l'asino sta lì a ricordarci che qualsiasi decisione prendiamo ci sarà sempre qualcuno che avrà da criticare. E *a modo suo* avrà pure ragione. Perché nell'atto stesso dell'azione c'è qualcosa di impreciso, di rischioso e di inatteso che irrita chi sta a guardare. La scelta crea la precisione di una forma concreta che si oppone all'imprecisione del progetto *vagheggiato*. Quindi è sempre inferiore come qualità e come risultato. *[in his/her own way]* *[desiderato]*

La realtà appare vile *a chi si nutre* di possibilità. A chi crede poi solo negli assoluti appare come un compromesso sempre un poco ignobile. *[to the one who feeds on]*

Chi agisce sa di opporre le ragioni della concreta imperfezione a quelle della mitica perfezione. E sa anche di andare incontro, con le sue scelte sgraziate, al giudizio malevolo di chi sta a guardare. Il quale godrà quando lo vedrà sbagliare e *gongolerà* della sua confusione e del suo smarrimento. *[will be elated]*

Nel caso delle donne, sappiamo che esse si sono trovate, per ragioni storiche, spesso dalla parte di chi guarda piuttosto che di chi agisce. Le loro azioni infatti sono state ridotte a non azioni (cosa c'è di più inutile dell'eterno ripetersi delle faccende domestiche?) e il loro giudizio è stato ridotto a pettegolezzo.

Ora esse si trovano ad agire, in massa. Non più solo qualche regina e qualche guerriero, ma tante, nelle scuole, negli ospedali, nei giornali, nelle Università, nelle aziende. E la tentazione è di distinguersi dalle altre che ancora stanno a guardare.

Ma l'occhio che giudica, anche quando è femminile, esprime un giudizio maschile. È fatto su un mondo *a misura d'uomo*, abituato a dividere fra persona e donna. *[made for a man]*

A *questo proposito* voglio qui *riportare* una significativa poesia anonima pubblicata sull'antologia *La poesia femminista* curata da Nadia Fusini e Mariella Gramaglia che dice: «Quando gli parlo, parlo ad una persona / Quando lui parla a me, parla ad una donna / Questo mi umilia / ma lui pensa che devo sentirmi lusingata / perché non dimentica che sono una *[To this end/ricordare]*

donna: se lo dimenticasse / vorrebbe dire che non
sono una donna. / Non riesco a essere contenta per
questo suo ricordarsi che sono donna / anche se sarebbe umiliante che lo dimenticasse. / Lui dice che
qualcosa dentro di me non va: ma allora cosa vuoi? /
manchi proprio di logica e sorride / perché si sa che le
donne mancano di logica. / Eppure io lo so che è
giusto così: / quando gli parlo parlo ad una persona
che è anche un uomo! ma quando gli dico di parlare a
tutta la mia persona / lui capisce che gli chiedo di
dimenticare che sono una donna. / Quando lo invito
a pensare a me come a un essere completo / lui capisce che deve scegliere una delle due parti
/ . . . per me lui è una persona e un uomo / per lui io
sono una persona o una donna; / vuole che io scelga
fra le due cose / (e lui preferisce donna): / insomma tu
parli al mio sesso, / prendi la parte per il tutto / sei tu a
fare errori di logica amore mio . . .».

(da *La bionda, la bruna e l'asino*)

DOPO LA LETTURA

A. **Domande.** Risponda alle seguenti domande sulla lettura.

1. Quali commenti fa la gente sulle donne?
2. Chi sono i protagonisti della favola che racconta l'autrice? Dove vanno?
3. Quali commenti fa la gente sulle azioni delle due donne?
4. Che cosa ci ricorda la favola?
5. Storicamente qual è stata la condizione della donna?
6. E oggi qual è la condizione della donna? In quali settori agiscono le donne?
7. Di che cosa tratta la poesia che l'autrice ci presenta?

B. **Comprensione della lettura.** Scelga la risposta appropriata per completare le seguenti frasi.

1. I sentimenti della gente verso le donne sono _____.
   a. sempre solidali
   b. spesso ambivalenti
   c. a volte ignobili

2. In una favola, se la bruna andava in groppa all'asino, _____.
   a. la gente la criticava
   b. anche la bionda voleva montare sull'asino
   c. nessuno la guardava

3. Se la bruna andava a piedi, _____.
   a. la bionda preferiva andare in macchina
   b. la gente la criticava lo stesso
   c. la gente la tiranneggiava

4. Se la bionda e la bruna decidevano di montare tutte e due sull'asino, la gente _____.
   a. non diceva niente
   b. era soddisfatta
   c. simpatizzava per l'asino

5. La morale della favola insegna che _____.
   a. non è facile prendere una decisione
   b. qualunque decisione sia presa, tutti hanno sempre qualcosa da dire
   c. gli asini hanno ragione

6. Storicamente le donne _____.
   a. hanno avuto molte opportunità nella vita
   b. non sono state mai prese seriamente
   c. hanno sempre fatto pettegolezzi

7. Oggi le donne però _____.
   a. cominciano a fare le faccende domestiche
   b. non vanno in groppa all'asino
   c. fanno molti lavori che non facevano nel passato

8. Molto spesso la gente esprime giudizi _____.
   a. visti da un punto di vista maschile
   b. visti da un punto di vista femminile
   c. sbagliati

9. In una poesia anonima, una donna _____.
   a. esprime i suoi sentimenti d'amore verso il suo uomo
   b. dice che per il suo uomo lei è sempre una donna, e non una persona
   c. parla dell'odio che sente verso gli uomini

10. Sempre secondo la poesia, spesso si dice che _____.
    a. le donne sono uguali agli uomini
    b. le donne mancano di logica
    c. gli uomini non sanno pensare

C. **Una scenetta** *(sketch)*. Con l'aiuto di cinque o sei studenti/studentesse, rappresenti la scenetta della favola «La bionda, la bruna e l'asino».

D. **Un'inchiesta.** Faccia le seguenti domande a tre o quattro studenti/studentesse per conoscere le loro opinioni sulla condizione della donna.

1. Secondo te, esiste la parità fra uomini e donne? In che modo? Spiega.
2. Ci sono lavori riservati esclusivamente alle donne (agli uomini)? Quali sono? È giusto che sia così? Perché?
3. Credi che le donne siano sempre giudicate con occhio maschile? Perché?
4. Alcuni dicono che le donne non riescono a stringere legami di amicizia fra di loro. Tu cosa pensi al riguardo?
5. Come si devono comportare le donne per avere successo nella vita?
6. Chi critica maggiormente le donne che hanno successo, gli uomini, le altre donne o ambedue i gruppi senza alcuna distinzione? Spiega.
7. Conosci alcune donne che si sono fatte molta strada *(made their own way)* nel mondo? Chi sono? Quali sono le loro attività? Vengono criticate? Da chi? Per quale motivo?

E. Temi di discussione

1. Discuta se è giusto che le donne vogliano distinguersi in diversi campi di lavoro.
2. Discuta quali sono i posti di lavoro che permettono alle donne di eccellere e quali sono quelli che ancora ritardano il loro progresso.
3. Commenti il comportamento che devono avere le donne che vogliono farsi strada nel mondo.
4. Analizzi la poesia. Discuta dove risiede esattamente il conflitto fra l'uomo e la donna.

9

Parlando di donne al volante

GIORGIO SCHÖN

PRIMA DI LEGGERE

Parole ed espressioni

abile	*able, skilled*
affidare	*to entrust*
battere	*to beat, to defeat*
il brivido	*shiver*
il cambio	*gear*
capace	*able, capable*
la casalinga	*housewife*
duro/a	*hard, difficult*
girare	*to go around*
la guidatrice	*(female) driver*
il maschilismo	*sexism*
notevole	*remarkable*
obsoleto/a	*obsolete*
pilotare	*to drive*
richiedere	*require*
raggiungere	*to reach*
rombante	*roaring*
ruggente	*roaring*
il volante	*steering wheel*

> luogo comune — *common place, platitude*
> mettere in soggezione — *to make someone feel uneasy*

A. **Sinonimi.** Completi le seguenti frasi con la forma appropriata di un *sinonimo* delle parole indicate.

1. Ho visto una vecchia **macchina** che doveva essere la tipica _____ degli anni Sessanta.
2. È un modello **antico**. Oggi non si vedono più in giro macchine così _____.
3. Oggi la gente **guida** macchine diverse. Sarebbe strano _____ questo tipo di automobili.
4. Adesso piacciono le macchine **ruggenti,** che permettono una guida _____.
5. È sempre più **difficile** vedere in giro le utilitarie di una volta. E se anche si trovassero, sarebbe _____ pilotarle.
6. I giovani, molto **abili** oggi a guidare le macchine moderne, sarebbero _____ di guidare queste vecchie utilitarie?
7. E pensare che queste automobili sono state molto **importanti** nella vita dell'italiano. Hanno contribuito ad uno sviluppo _____ dell'italiano medio.

B. **Categorie di parole.** Indichi quali parole di ogni gruppo appartengono a ciascuna delle seguenti categorie.

1. l'automobile: il cambio, rombante, il volante, la casalinga, obsoleto
2. attività di lavoro: il brivido, la casalinga, la professionista, il taxista, la guidatrice
3. guidare: pilotare, notevole, luogo comune, la guidatrice, girare
4. rapporti tra i due sessi: l'inciviltà, l'ammirazione, il brivido, la comodità, il maschilismo

C. **Una macchina da corsa.** Completi il seguente brano con la forma appropriata di un verbo o un'espressione indicati fra parentesi.

Dire che Stefano adora _____ (battere, girare) in macchina è un _____ (volante, luogo comune). Qualche volta il padre gli _____ (pilotare, affidare) la sua bella macchina da corsa e Stefano sente un _____ (brivido, cambio) quando si siede al posto di guida. Qualche volta, per non _____ (pilotare, mettere in soggezione) gli amici, Stefano li invita a fare un giro con lui. Quando guida, Stefano riesce a _____ (pilotare, battere) tutte le altre macchine che incontra sull'autostrada e a volte _____ (affidare, raggiungere) persino i duecento chilometri all'ora. Comunque Stefano sa che questa macchina _____ (affidare, richiedere) molta attenzione e quindi guida spesso con calma e prudenza.

Parlando di donne al volante
GIORGIO SCHÖN

Sull'autore

Giorgio Schön è un giornalista che scrive per «L'Espresso», una rivista settimanale che tratta di politica, cultura e costume.

Nell'articolo «Parlando di donne al volante», l'autore analizza l'evoluzione della donna alla guida dell'automobile durante gli ultimi decenni.

LETTURA

Non c'è nulla di più obsoleto del luogo comune che vuole la donna al volante come *fonte* di mille guai,   causa
anzi, secondo me, la donna al volante non è mai stata quel disastro che si vuol far credere.

Negli anni ruggenti dell'automobile, *a cavallo* delle due guerre, le donne (e gli uomini) al volante erano pochissime: principesse, nobildonne o *rampolle* di qualche grande famiglia, dovevano guidare macchine potenti e difficili. Allora, infatti, non c'erano utilitarie, lo shopping o lo faceva *la servitù* o avveniva (sarte, modiste e compagnia) *a domicilio*, si guidavano quindi rombanti granturismo per il gusto dell'avventura e della trasgressione. Ma pilotare un *bolide* con i freni meccanici e il cambio non sincronizzato, capaci di raggiungere i 180 all'ora, richiedeva, al di là del sesso, notevoli doti: l'alternativa era solo un'uscita di strada.

Con qualche variante, la donna al posto di guida è rimasta *tale* fino agli anni Cinquanta, quando arrivò la *Seicento* e finì il maschilismo a quattro ruote: diciamo che fino alla fine degli anni Sessanta questo fu l'unico periodo in cui le neopatentate ebbero qualche colpa. Casalinghe, segretarie, professioniste e *neoricche* scoprirono la comodità della seconda macchina e dilagarono sulle strade senza una adeguata preparazione.

Da allora in avanti, la donna al volante non ha più fatto notizia e oggi solo qualche inveterato taxista lancia ancora i tradizionali anatemi. È vero invece che ci sono vari tipi di donna guidatrice. Il più diffuso è, ovviamente, la donna che lavora. Guida abitualmente una Y10 o una Golf GL con abilità ed esperienza, rispetto all'uomo è in genere più aggressiva (inconsciamente spesso *si trascina* un complesso di inferiorità) e nervosa, abilissima in città e nelle manovre, ha il suo *tallone di Achille* sulle strade di montagna o comunque difficili. Oggetti come il freno a mano o manovre come *la scalata delle marce* non le sono simpatiche e spesso, alla sera, gira senza *anabbaglianti* finché ci vede, perché non pensa che è più importante farsi vedere.

C'è poi la mamma *migratrice*, figura sempre più frequente da quando il week-end è diventato un obbligo. *A costei* il marito ha affidato in genere una familiare, tipo Volkswagen Passat, Regata o Bmw e il «compito di cominciare a partire», *in attesa* che lui si

liberi dal lavoro. Il che significa: caricare figli, cane, biciclette, monopattini, windsurf, sci o racchette da tennis, la spesa completa che in città costa meno, i vasi
50 da fiori, un po' di *suppellettili* da mettere nella seconda casa, la cameriera filippina che vomita al primo *tornante* e una torta per la cena del sabato, su cui in genere si siede uno dei figli. Per queste ho una profonda ammirazione e tendo a scusarle per qualche
55 caduta di stile nella guida. In queste dure trasferte, infatti, lo *specchietto retrovisore* interno viene completamente dimenticato e la fretta di scendere da un *abitacolo* trasformato in *serraglio*, spesso induce a salti di code ed inciviltà varie.

    suppellettili — mobili
    tornante — curva
    specchietto retrovisore — rear-view mirror
    abitacolo — the inside of the car/
    serraglio — animal cage

60   Niente di grave rispetto a quello che fanno le figlie di mammà con la macchina di papà, sono coloro che hanno la Polo o la Suzuki come auto personale, ma che quando salgono sulla Thema del genitore, non calcolano la differenza di misure. Non che siano delle
65 *schiappe*, ma certi rientri dal sorpasso e certe svolte tagliate *al pelo* fanno venire i brividi. E poi un conto è viaggiare a 120 all'ora con l'utilitaria, un altro è tenere giù il piede con 180 cavalli sotto l'acceleratore e una tonnellata e mezzo di peso tra le mani.

    schiappe — bunglers
    al pelo — very closely

70   C'è infine, un'ultima, nuovissima categoria di donne pilota: quelle appunto che pilotano le macchine *da corsa*. Sarò sincero: mi mettono in soggezione. Perché, strano a dirsi, in genere sono brave ed anche molto carine. E farsi battere, o solamente duel-
75 lare con una donna carina, giovane e decisa, smorza gli ancestrali complessi di superiorità che ogni uomo si porta dentro.

    da corsa — racing

(da «L'Espresso» Sports, giugno 1989)

DOPO LA LETTURA

A. **Domande.** Risponda alle seguenti domande sulla lettura.

  1. Che cosa pensa molta gente delle donne al volante? E l'autore dell'articolo che ne pensa?

2. Che tipi di donne guidavano l'automobile negli anni venti? Perché guidavano queste donne?
3. Quando cominciò a guidare la maggior parte delle donne? Quale macchina guidava?
4. Quali sono i vari tipi di donna guidatrice?
5. Che tipo di macchina guida la donna che lavora? Come guida?
6. Che tipo di macchina guida la mamma migratrice? Di solito quando guida?
7. La mamma migratrice che cosa e chi trasporta nella sua macchina? Come guida?
8. Che tipo di macchina guidano le figlie di mammà? Che problema hanno di solito?
9. Che tipo di guidatrici sono le donne pilota? Che sentimenti nutre l'autore verso di esse?

B. **Comprensione della lettura.** Dica se le seguenti frasi sono vere o false secondo il contenuto della lettura.

1. Si crede giustamente che le donne siano pericolose quando guidano.
2. Nella prima metà di questo secolo solo poche donne guidavano l'automobile.
3. Non era molto facile guidare le automobili degli anni fra le due guerre mondiali.
4. Molte donne cominciarono a guidare verso la fine degli anni Sessanta.
5. Ci sono quattro tipi di donne guidatrici.
6. La donna che lavora è molto brava a guidare sulle strade di montagna.
7. La mamma migratrice carica la macchina per andare a trascorrere il week-end nella seconda casa.
8. Alle madri migratrici piace stare in coda sulle strade.
9. Le figlie di mammà sono molto spericolate (*reckless*) quando guidano la macchina di papà.

10. Le donne che guidano le macchine da corsa non sono molto brave.
11. Di solito gli uomini si sentono molto superiori quando duellano con una donna al volante di una macchina da corsa.
12. L'autore dell'articolo confessa che le donne che pilotano le macchine da corsa lo mettono in soggezione.

C. **Domande personali.** Faccia le seguenti domande ad un altro studente/un'altra studentessa. Poi invertire i ruoli.

1. Che tipo di macchina preferisci guidare?
2. Dove preferisci guidare, in città, in campagna o sull'autostrada? Perché?
3. Commetti qualche volta delle inciviltà stradali? Quali?
4. Secondo te, chi guida meglio, l'uomo o la donna? Perché?
5. Qual è la macchina da corsa che ti piace di più? Perché?
6. Ti piacciono di più le macchine di marca nazionale o quelle straniere? Perché?

D. **Temi di discussione**

1. C'è un detto *(saying)* che afferma «Donna al volante, pericolo costante». Discuta da chi può essere stato ideato questo detto e per quale motivo.
2. Quando si è alla guida di un'automobile si commettono spesso delle inciviltà. Commenti i più comuni tipi di scortesia automobilistica e dica se in genere sono gli uomini o le donne che commettono queste inciviltà.
3. Discuta il maschilismo e i pregiudizi che gli uomini hanno verso le donne al volante.

10

Amori d'estate

CARLO CASTELLANETA

PRIMA DI LEGGERE

Parole ed espressioni

abituarsi	*to get used to*
accettare	*to accept*
l'allegria	*gaity*
arrabbiarsi	*to get angry*
baciare	*to kiss*
i baffi	*moustache*
il consiglio	*advice*
il corteggiatore	*suitor*
debole	*weak*
le ferie	*holidays, vacation*
il fidanzato	*fiancé*
innamorarsi (di)	*to fall in love (with)*
l'innamorato	*lover*
matto/a	*mad, crazy*
noioso/a	*boring*
odiare	*to hate*
piantare	*to jilt*
riservato/a	*reserved*
lo scapolo	*bachelor*

Amori d'estate 93

seccato/a	annoyed
separato/a	separated
sorbirsi	to be subject to
fatto/a apposta	made especially
noi due soli/e	just the two of us
tutt'e due	both

A. **Contrari.** Completi le seguenti frasi con la forma corretta dei *contrari* delle parole indicate.

1. Cecilia _____ guardare la televisione, ma **ama** andare al cinema.
2. Non poteva **rifiutare** il mio invito; anzi lei ha _____ quasi subito quando le ho telefonato.
3. Lei è una ragazza **estroversa,** io invece sono piuttosto _____.
4. Devo confessare che io sono troppo **serio,** mentre lei è un po' _____.
5. Lei ha una personalità molto **forte,** ma neanche la mia è _____.
6. Cecilia pensa che i miei amici siano molto **divertenti,** ma io li trovo _____.
7. Secondo lei gli **uomini sposati** sono più felici degli _____.
8. Infatti Cecilia si era **sposata** giovanissima, ma ora vive _____ dal marito.

B. **Quanta tristezza!** Completi le seguenti frasi con la forma appropriata dei verbi riportati a destra.

1. Valerio è triste perché Laura lo ha _____.   a. inventare
2. Laura _____ di un altro ragazzo.   b. abituarsi
3. Per Valerio è duro _____ a stare da solo.   c. comunicare
4. Adesso lui _____ facilmente.   d. invitare
5. Spesso gli amici lo _____ alle loro feste.   e. scusare

94 La donna moderna

6. Ma Valerio _____ sempre molte scuse per non uscire.
7. Valerio non _____ più con nessuno.
8. È andato a _____ da solo in un appartamento lontano dal centro.
9. Ma gli amici lo _____ perché sanno che soffre.

f. innamorarsi
g. arrabbiarsi
h. vivere
i. piantare

C. **Dialoghi da teleromanzi.** Completi i seguenti dialoghi con la forma appropriata delle parole indicate a destra.

—Sai che Corrado è l'_____ di Silvia?
—Corrado? Ma non è l'innamorato. È solo un _____.
—Ma non _____ per sposarsi? Sembrano _____ l'uno per l'altra.
—Non è così semplice. _____ hanno un _____ difficile.
—È vero che Silvia è _____ che lui abbia i _____?
—Non conosco tutti i particolari di questa storia, ma penso che sia solo una _____.

a. seccato/a
b. scusa
c. stare
d. Tutt'e due
e. fatto/a apposta
f. baffi
g. corteggiatore
h. carattere
i. innamorato

—Che ti ha detto il tuo _____?
—Mi ha detto che non voleva offendermi. Però o saremmo andati _____ o sarebbe andato in _____ da solo.
—E tu che cosa hai risposto?
—Prima gli ho detto che sarei andata con lui, poi però ho cambiato idea. Allora lui mi ha _____ ed è partito da solo per le _____.
—E tu, _____?

a. vacanza
b. consiglio
c. arrabbiarsi
d. baciare
e. noi due soli
f. allegria
g. ferie
h. sorbirsi
i. fidanzato

—Certo. Anche perché devo _____ le critiche degli amici.

—Posso darti un _____? Non essere così triste. Ci vuole un po' più di _____ nella vita.

Amori d'estate

CARLO CASTELLANETA

Sull'autore

Carlo Castellaneta è uno scrittore milanese, nato nel 1930. Ha scritto vari romanzi e racconti che sono quasi tutti ambientati in Lombardia, e i temi di cui tratta sono ispirati dai conflitti sociali e personali della vita di oggi. Il suo primo romanzo, Viaggio col padre, *è stato pubblicato nel 1958. Fra le sue collezioni di racconti ricordiamo* Rapporti confidenziali, *pubblicato nel 1989, da cui è tratto «Amori d'estate». In questo racconto, l'autore narra le vicende di due giovani donne nei loro rapporti con gli uomini nella società di oggi.*

LETTURA

Dovevamo andarcene insieme sul *Gargano*,[1] io e Giulia, basta con questi uomini noiosi, una cosa tra donne finalmente, come si dice sempre e poi non si fa mai. Invece un mese fa ho cominciato a capire che la nostra
5 vacanza era compromessa.

«Ho conosciuto un ragazzo molto simpatico» mi dice al telefono. «Stasera esco con lui.»

«Bene» ho detto io sinceramente.

Siamo separate tutt'e due, ma Giulia è più gio-
10 vane, e non avere un uomo *al fianco* le riesce più   vicino
difficile da accettare, specie quando arriva il momento
delle ferie. Un uomo che piaccia, s'intende, perché *di*   naturalmente
uomini purchessia non è difficile trovarne per una va-   any man whatsoever
canza.

---

[1] promontorio nella regione della Puglia, conosciuto come lo sperone dello stivale d'Italia (promontory in the region of Puglia, known as the spur of the boot of Italy)

15 Abitiamo a poca distanza, e in queste sere d'estate ci siamo abituate a vederci più spesso dopo il lavoro. Io non ho figli, e Giulia ha mandato la bambina in campagna dai nonni. Così ci siamo ritrovate un po' signorine, libere di ridere e scherzare, uscendo
20 a cena con altri amici oppure al cinema noi due sole.

Giulia ha un carattere allegro, estroverso, fatto apposta *per tirarti su di morale*. Ho sempre seguito le sue storie amorose, che lei mi racconta come se fossi una sorella maggiore, anche se io invece sono più
25 riservata *nei suoi confronti*. So dare dei consigli, ascolto volentieri, ma non amo parlare delle mie cose con tanti particolari, come fa lei. *Oltretutto* mi sono dovuta sorbire per dei mesi le telefonate di Francesco, l'ultimo innamorato che Giulia ha piantato perché *si*
30 *era messo in testa* di vivere con lei.

L'anno scorso stavamo per partire per le *Eolie*,[2] e all'ultimo momento mi comunicò che doveva andare in montagna con Francesco. Fosse stata una cosa seria avrei capito, invece *lo scaricò* appena tornata in città.
35 La scuso perché è divertente, e la sua allegria finisce per contagiare anche me, *se ho la luna storta*, come questa sera che mi ha invitata a cena da lei, perché a cucinare è bravissima.

«Con questi *mangiarini* che fai» le dico «capisco
40 che tuo marito voglia ritornare con te . . .»

«Oh, quello sì gli piaceva! Era di far l'amore che non aveva mai voglia!»

Ne abbiamo parlato non so quante volte, ma per Giulia è *un chiodo fisso*. So che non gliene importa
45 molto dell'eros, però non sentirsi desiderata tutti i giorni è una cosa che la offende, un oltraggio alla sua *avvenenza*.

«Allora, questo nuovo fidanzato?»
«*Taci, mi piace da morire.*»
50 «Come si chiama?»
«Gianni.»
«E com'è questo Gianni?»

---

[2] Isole Eolie, a nord della Sicilia (Aeolian Islands, north of Sicily)

«Alto, coi baffi, gli occhiali . . . Una bella faccia . . .»
«Baffi?» l'ho interrotta.
«Sì, pensa, è la prima volta che mi capita. Li ho sempre odiati gli uomini coi baffi.»
«Davvero?»
«Quando mi ha baciata ho sentito che *pungevano*. Non vedevo l'ora di *staccarmi*.»   *pricked / to get free*
«Però è simpatico, mi hai detto.»
«Oh, *mi fa morir dal ridere!*»   *he makes me die laughing*
La guardo con invidia mentre *arrotola* gli spaghetti. Vorrei averlo anch'io un uomo che mi facesse morir dal ridere, ma non ne ho mai trovato uno, forse è una specie in estinzione, parlano solo del loro lavoro.   *rolls up*
«Giulia, *non fare scherzi*. Hai promesso che le vacanze le facciamo insieme.»   *don't play jokes*
«Ma certo, *cosa ti viene in mente?*»   *what are you thinking of*
È passato un mese e mi telefona.
«Senti, non arrabbiarti, ma Gianni vuole che vada in Nepal con lui.»
«In Nepal? A fare cosa?»
«Il tracking.»
«Tu?»
Giulia *ha il fisico di un grissino*, non durerà più di due giorni a scarpinare per quelle vallate.   *body as thin as a breadstick*
«Insomma, stavolta ti sei innamorata. Dicevi che i baffi . . .»
«Infatti. Mi ha detto che *se li taglia*.»   *he will shave it off*
«Beh, Giulia, vai al diavolo, vai in Nepal, vai dove vuoi!»
Ho chiuso seccata, anche se questo epilogo me l'aspettavo, conoscendo il lato debole della mia amica. *Vuol dire* che accetterò l'invito di Poppi, un mio vecchio corteggiatore rimasto scapolo con una bella casa al lago. Farò una vacanza con molti libri e poche risate.   *I hung up / Significa*
Per qualche giorno non l'ho sentita. Stavo rientrando adesso all'ora di pranzo, quando ho udito gli squilli appena fuori dall'ascensore.
«Pronto, chi è?»

«Sono Giulia. Devo parlarti.»
95 «Scusa un momento, metto giù la spesa.»
Ho richiuso *l'uscio* e mi sono seduta con calma.   porta
«Allora, cosa ti è successo?»
Non ci crederai. Gianni si è tagliato i baffi.»
«Bene» ho risposto *asciutta*.   curt
100 «Macché bene, malissimo.»
«Cioè?»
«Non mi piace più. Non posso andare in Nepal con lui. Ha una faccia *qualunque*. Con i baffi era molto   ordinaria
meglio, ma non so come dirglielo. Pronto? Ci sei?»
105 Non riuscivo a rispondere perché stavo *ridendo a*   laughing hysterically
crepapelle. Va bene, dirò a Poppi che non posso raggiungerlo sul lago, inventerò una scusa. Anch'io preferisco andare con Giulia al Gargano.
«Credi che sia matta?» ha detto lei.
110 «Ma no, Giulia. Sono gli amori dell'estate.»

(da *Rapporti confidenziali*)

DOPO LA LETTURA

A. **Domande.** Risponda alle seguenti domande sulla lettura.

1. Qual è il programma delle vacanze di Giulia e della narratrice? Perché il programma viene cambiato?
2. Qual è lo stato civile delle due donne? Hanno figli?
3. Cosa fanno di solito le due donne?
4. Com'è Giulia?
5. Chi è Francesco? Perchè lo ha piantato Giulia?
6. Che cosa sa fare molto bene Giulia?
7. Chi è Gianni? Com'è? Dove vuole andare in vacanza? Con chi?
8. Chi è Poppi? Che tipo è?
9. Perché Giulia pianta Gianni?
10. Alla fine, che cosa preferiscono fare le due amiche?

B. **Comprensione della lettura.** Ciascuna delle seguenti frasi può essere completata in vari modi. Scelga le risposte corrette per ricostruire la storia del racconto.

1. Giulia e la narratrice del racconto _____.
   a. sono amiche
   b. vogliono andare in vacanza sul Gargano
   c. preferiscono fare le vacanze da sole, senza gli uomini
   d. sono sorelle

2. Le due donne _____.
   a. non hanno la stessa età
   b. vivono separate dai rispettivi mariti
   c. hanno la stessa età
   d. si vedono spesso

3. L'amica di Giulia _____.
   a. non ha figli
   b. ha un carattere riservato
   c. è molto allegra
   d. è innamorata di Francesco

4. Giulia invece _____.
   a. è più giovane dell'amica
   b. ha tre figli
   c. è una donna estroversa
   d. ha una figlia

5. Nelle sere estive le due donne _____.
   a. non escono mai insieme
   b. vanno spesso a cena insieme con altre persone
   c. vanno a ballare
   d. vanno al cinema

6. A Giulia piace _____.
   a. andare in vacanza da sola
   b. parlare delle sue storie d'amore
   c. cucinare
   d. stare in campagna con la figlia

7. Giulia è giovane e bella, _____.
   a. e preferisce fare le ferie in compagnia di un uomo simpatico
   b. e ha deciso di sposarsi di nuovo
   c. ed è anche molto allegra e divertente
   d. e sa preparare cene squisite

8. Non è facile trovare l'uomo giusto; difatti Giulia _____.
   a. pianta Francesco perché vuole vivere con lei
   b. vuole andare in montagna mentre Francesco preferisce andare alle isole Eolie
   c. odia i baffi e Gianni, la sua ultima conquista, ha i baffi
   d. dice che agli uomini piace parlare solo del loro lavoro

9. Gianni, il nuovo fidanzato di Giulia, _____.
   a. è un uomo basso e molto noioso
   b. deve andare a lavorare nel Nepal
   c. ha promesso di tagliarsi i baffi
   d. vuole andare a fare il tracking nel Nepal e invita la giovane donna ad andare con lui

10. La narratrice del racconto _____.
    a. è seccata quando Giulia le dice che va nel Nepal invece di andare al Gargano con lei
    b. decide di partire pure lei per il Nepal
    c. pensa di andarsene in vacanza con Poppi
    d. compra vari libri per leggerli durante le ferie

11. Poppi _____.
    a. è l'ex marito dell'amica di Giulia
    b. non è mai stato sposato
    c. vive in una villa vicino al mare
    d. è un vecchio corteggiatore della narratrice

12. Un giorno Giulia telefona all'amica _____.
    a. per salutarla prima di partire per il Nepal
    b. e le dice che Gianni non le piace più da quando si è tagliato i baffi
    c. e le annuncia che non va più nel Nepal
    d. e le dice che Gianni è veramente meraviglioso senza i baffi

C. **Minidrammi.** Insieme ad un altro studente/un'altra studentessa prepari i seguenti minidrammi basati sul racconto. Inventate i vari particolari e presentate le scenette alla classe.

1. Francesco telefona all'amica di Giulia per chiederle aiuto. Lui è molto innamorato di Giulia e vuole andare a vivere con lei.
2. Giulia parla con Gianni e gli dice di tagliarsi i baffi perché a lei non piacciono gli uomini con i baffi.

3. Gianni invita Giulia ad andare nel Nepal con lui.
4. L'amica di Giulia telefona a Poppi per dirgli che non può andare a fare le ferie da lui.

D. **Temi di discussione**

1. Faccia alcuni paragoni e contrasti fra il carattere di Giulia e quello della sua amica.
2. Spieghi il significato del titolo del racconto in base a quello che succede in esso.
3. Analizzi come è presentato il racconto e dica come sarebbe diverso se esso fosse raccontato dall'autore stesso.
4. Commenti l'amicizia fra queste due donne e discuta se l'amicizia fra donne è simile o diversa da quella fra uomini.

11

Un codice di bellezza

GIANNA MANZINI

PRIMA DI LEGGERE

Parole ed espressioni

attrarre	to attract
la bellezza	beauty
il codice	code
la disarmonia	disharmony
elastico/a	flexible
fissare	to stare
identico/a	identical
impaziente	impatient
l'impazienza	impatience
inafferrabile	elusive
ingenuo/a	naive
lento/a	slow
liscio/a	straight, smooth
la palestra	gymnasium
lo sguardo	look, glance
il sorriso	smile
la sproporzione	disproportion
senza dubbio	without a doubt

Il corpo umano:	The human body:
il capo	head
le ciglia	eyelashes
il cuore	heart
la gola	throat
la guancia	cheek
la pelle	skin
il pollice	thumb
la spalla	shoulder
la treccia	braid
il viso (il volto)	face

A. **Contrari.** Completi le seguenti frasi con la forma corretta del *contrario* delle parole indicate.

1. Bisogna fare tutte le cose con molta **pazienza,** non con _____.
2. Le persone sono **diverse,** non sono _____.
3. Alcune hanno i muscoli **rigidi,** altre hanno i muscoli _____.
4. Quindi non bisogna fare movimenti **rapidi,** ma _____.
5. È sempre necessario muoversi con **armonia,** non con _____.
6. Gli esercizi devono essere fatti in **proporzione** al fisico di ogni persona; la _____ sarebbe dannosa all'organismo.
7. Quindi per mantenere un corpo giovane e sano, siate sempre **pazienti,** non siate _____.

B. **Definizioni.** Combini le seguenti definizioni con le parole associate con il corpo riportate a destra. Nella colonna di destra ci sono due parole in più.

1. il nome di un dito della mano   a. il viso
2. il sinonimo di **testa**   b. le ciglia
3. un modo di portare i capelli lunghi   c. la pelle
4. proteggono gli occhi   d. il cuore

5. un altro sinonimo di **faccia** e **volto**
6. la proteggiamo dal sole con la crema
7. un simbolo dell'amore
8. Può far male quando abbiamo il raffreddore.

e. la treccia
f. la guancia
g. la gola
h. le spalle
i. il capo
j. il pollice

C. **La bellezza.** Completi il seguente brano con la forma appropriata di una delle parole fra parentesi.

Che cosa _____ (costringere, rendere) le persone o le cose belle? Non è facile dire in che _____ (consistere, fissare) la _____ (bellezza, diffidenza), però sappiamo che il bello ci _____ (fissare, attrarre). A volte in una persona noi _____ (parere, ammirare) il _____ (palestra, sorriso), in un'altra ci piace lo _____ (sproporzione, sguardo), mentre in un'altra ancora preferiamo il _____ (energia, profilo) forte o _____ (liscio, delicato). _____ (Senza dubbio, Deliziosamente) molta gente _____ (lento, ingenuo) pensa che dei _____ (codice, sorriso) possano descrivere la bellezza. Ma la bellezza è un _____ (disarmonia, mistero). Sappiamo che il bello _____ (esistere, presentare), ma è un qualcosa di _____ (inafferrabile, impaziente).

Un codice di bellezza

GIANNA MANZINI

Sull'autore

La scrittrice Gianna Manzini nacque a Pistoia nel 1886 e morì a Roma nel 1974. Dopo essersi laureata in Lettere presso l'Università di Firenze, si dedicò alla professione di scrittrice. Contribuì alle riviste letterarie «Solaria» e «Letteratura», e il suo primo romanzo, Tempo innamorato, *fu pubblicato nel 1928.*

La Manzini, considerata una delle scrittrici più intuitive, ha scritto molti racconti e romanzi per i quali è stata premiata più volte. Tra le sue opere più importanti ci sono collezioni di racconti quali Il valzer del diavolo *e* Il cielo addosso, *e romanzi quali* Allegro con disperazione *e* Ritratto in piedi. Il racconto «Un codice di bellezza» *è tratto dalla collezione* Il cielo addosso. *In esso la scrittrice, con grande sensibilità ed eleganza di stile, descrive come un gruppo di adolescenti diventano consapevoli della bellezza e del fascino di una loro amica.*

LETTURA

La palestra *si apriva* sul giardino: che era carico e odoroso in modo stordente: come forse sembrano tutti i giardini a chi ha tredici o quattordici anni. Filtrata attraverso le fronde, la luce trovava brillanti
5 nella ghiaia, smaltava i fili d'erba, rendeva specchianti le cupe foglie delle magnolie. E profumi *a boccate*, con un empito, con una sfrenatezza che disorientava, generosità o follia di tanti calici, di tanti bocci e corolle.

10 Ma bastava poi varcare una soglia, per trovarci separate da quella chiarezza fremente, in uno stanzone color catrame, con alte finestre avare, dove attrezzi lucenti suggerivano gesti calcolati, ora rigidi ora elastici, ora rapidi ora lentissimi, e sempre ubbidienti
15 a un disegno che ritagliava nella nostra sfavillante confusione, un filo pulito d'energia.

Vicino alla porta, all'ombra d'un gruppo di *elci*, aspettando l'insegnante, parlavamo della bellezza. Volevamo riconoscerla e in qualche modo definirla. Si
20 rifletteva negli occhi di Ginevra, si soffermava sulla bocca *a cuore* di Sandrina, carezzava l'incarnato di Natalia. Ma in che consisteva? Lontana, indecifrabile, bastava sognarla per sentirsi sollevate in un rapimento *addirittura celeste*. Non aveva infatti *un che di*
25 *divino*, non colmava, genuflettendo? Non faceva apparire sulle labbra, riverbero della sua luce, un sorriso ineffabile? Ma era anche una forza terribilmente terrena che poteva perdere, sia chi ne era in possesso, sia chi ne subiva l'incanto.

opened on

in spurts

ilex tree

a forma di cuore

assolutamente divino/ qualcosa di

106 La donna moderna

Inno alla donna.

K de krizia
PARFUM

30 Che esistesse un testo, pareva impossibile. Eppure capitò fra le nostre mani: tutto misure, dettami, sentenze. Questo fascicoletto ingiallito, senza copertina, scritto in francese, l'aveva portato a scuola Marisa, una quattordicenne che non poteva esser presa in
35 considerazione, a proposito di bellezza: capelli lisci, *figuriamoci*, tirati in due trecce, nè biondi nè bruni; e troppo alta: a ginnastica chiudeva le fila superando di tutta la testa la piccolina che, invece, l'apriva. Aveva lunghe ciglia che, insieme a un'ombra di corruccio,
40 l'appartavano. La pelle piuttosto scura *le dava l'aria d'una* che si rifiuta tutto, anche il colore. Non le bastava essere eretta: addirittura si teneva un po' indietro: come se dovesse difendersi chi sa da che, come se avesse paura d'essere amata, come se l'amore fosse
45 un'insopportabile indiscrezione.

    Quel giorno stava seduta sull'erba, con intorno cinque o sei compagne, e leggeva traducendo poi stentatamente; altre si addossavano inginocchiate; le piú erano rimaste in piedi; e tutte *a capo basso*, avendo
50 sulle labbra un identico sorriso, *avido* e appena umile.

    Scandí: «La bocca non deve superare la grandezza dell'occhio» e alzò la testa con tale impeto che le trecce, dure *da quanto erano strette*, scattarono sul petto. D'interrogarci, almeno con lo sguardo, neppure
55 le venne in mente. Buttò piú indietro il capo e rimase assorta a una foglia dalla quale si dondolava un ragnetto rosso.

    Cosí insolitamente aperto, il suo occhio parve piú calmo e nel celeste *lussuoso* dell'iride, si dimostrò
60 meno sdegnosa la pupilla, di solito impraticabile, come, forse, il suo cuore. La gola si scoprí bianca e cosí liscia che quasi dava disagio a guardarla. Del mento, la fossetta era in mostra; fra quella e il labbro di sotto, appena arrovesciato, lucente, rimaneva un tocco
65 d'ombra, come per la pressione irresistibile d'un pollice. Tutto il volto, frugato dalla luce, cedeva a una specie d'ilarità lontana che lo distendeva e vellutava.

    Avevamo un bel contrarre le labbra e risucchiarci le guance: la bocca d'ognuna di noi esorbitava in rapporto
70 alla misura dell'occhio. La piú ingenua tirò fuori

dalla tasca un cordoncino: *non si sa mai:* provare si sarebbe sempre potuto . . .   *one never knows*

Risalito lungo il filo, il ragno s'era nascosto nella foglia accartocciata. Marisa abbassò il ciglio. Col
75 mento giú, il bianco gioioso della gola sparí, insieme alla confidenza dello sguardo.

«E il volto non deve essere piú lungo della mano.» Ma che misure son queste? Non ci fu nessuna di noi che non si schiacciasse la destra contro il naso,
80 puntando l'inizio del palmo sul mento. *Diomio,*   Mio Dio
com'era distante la bellezza, a giudicare dal salto del dito medio alla radice dei capelli.

Che fosse tutto sbagliato?

Da quel modello matematico, cominciava a *ba-*   *to blink, to glimmer*
85 *luginare* una figura bislacca che non trovava possibili riferimenti; inafferrabile, dunque; e tuttavia assoluta, a causa di quei numeri, di quei rapporti enunciati con tanta decisione.

«Forse gli angeli . . .»

90 «Macché!» insorse Marisa; e intanto si rifaceva nervosamente una delle trecce. Il sopracciglio corrugato nello sforzo dell'attenzione, faceva incupire quella stilla di smagliante celeste nell'occhio piccolino, *forastico*. E non aveva torto: gli angeli erano fuori   *sullen*
95 discussione, trattando ora il libro di seni e di cosce. Piegata in avanti, gli spazzolini dei capelli in fondo alle trecce toccavano le pagine. Ma perché rimaneva zitta? Qualcosa avrebbe dovuto dirci. *Da supporre che*   Si poteva pensare
avesse paura dei propri pensieri: di perderli pronun-
100 ziandoli; o che essi la perdessero.

Ci attraeva e c'incuriosiva la concentrazione di lei: e soltanto per questo le rimanevamo intorno: infatti, *insisti e insisti,* la strettoia di quelle misure aveva   con insistenza
finito col rendere la bellezza, piú che assurda, sec-
105 cante.

Le scolare rimaste in piedi si chinavano fino a sfiorare il capo di quelle che, *accoccolate sui calcagni o*   *crouched on their heels*
in ginocchio, cacciavano il viso fra spalla e spalla delle   *or on their knees*
fortunate raccolte in circolo vicino a Marisa e al suo
110 libro. Dal quale, ancora vaporava, calda e inquietante, la promessa d'una rivelazione. Lo sentivamo e, ormai

Un codice di bellezza **109**

impazienti—la maestra *doveva essere sul punto d'arrivare*—restavamo protese verso la parola che si era *man mano* allontanata, e che ora, *in fondo a chi sa*
115 *quale rigo, a quale pagina*, confusa, nascosta, si faceva inseguire.

    Fu a questo punto che Marisa lesse lentamente: «Il piede deve entrare tutto intero *dans la bouche d'un jeune homme*».[1]

120   La corolla screziata di quelle teste si aprí, si sfece. Tutte in piedi, ci scostavamo l'una dall'altra, colte da una sconcertante diffidenza. Ma era dunque un burlone l'autore di quel trattato? Che diavolo veniva a dirci? Ci aveva imbrogliate.

125   «*Dans la bouche . . .*» non in quella sgangherata di un *omaccione*, ma: *d'un jeune homme . . . d'un jeune homme*.

    S'impadroniva di noi un'ilarità deliziosamente sospetta. Giusto dal piede, saliva al ginocchio, impaz-
130 ziva nel giro della vita, per sbriciolarsi in un ridere prima coperto, a sussulti, poi libero, infine meccanico, irrefrenabile, veramente collegiale e sciocco.

    In mezzo a noi, *sciattate* da quel convulso, *piegate ora di qua ora di là* rosse, arruffate, Marisa rima-
135 neva ferma, diversa da tutte le altre, e improvvisamente, anche da se stessa, ora che un'indecifrabile animazione, fuoco che non libera le sue tante faville, la tradiva, colmandola fino a precisarne meglio la figura: il collo piú lungo, le spalle piú scese, il busto
140 meglio spiccato dai fianchi.

    A dispetto di canoni, numeri, rapporti, la bellezza esisteva: fosse in lei quell'azzurro in tumulto fra oasi di pace, o quel senso d'imminenza, simile alla promessa che, nel prato, fa presentire le primule di do-
145 mani, o la veemenza di quei tanti succhi segregati, non saprei dire; so che ella appariva come un premio; e pareva esaudire in noi una specie *di partito preso* dell'ammirazione. E questo era senza dubbio la bellezza.

---

[1] espressione idiomatica francese per «molto piccolo/a» (letteralmente «nella bocca di un giovane»)

150   Non si poteva dubitarne, adesso che un gusto di dolce schiavitú ci pervadeva, costringendoci ad ammirare lei sola, a costo d'un'ingiustizia verso tutte le altre.

Le narici leggere, modellate come da una virgola
155 vibrata che le sollevasse, scoprendo appena il setto rosa; i pomelli rilevati, a rendere un po' pungente la parte inferiore del volto.

Quella che aveva parlato di angeli le si avvicinò e le fermò bene, sul collo, il gancetto della catenina.

160   In fondo alla palestra, sedute sulle panche, c'infilavamo le scarpe da ginnastica. Che stanchezza, era succeduta a quell'energia.

Eccoci schierate.

«*Dietro-front.*» L'ultima, adesso, era la piccolina; *About turn.*
165 e Marisa capofila.

«*Destr-riga.*» Mai scatto della testa fu piú imme- *Line right turn*
diato. Gli sguardi di una ventina di ragazze *la crivella-* *were riddling her*
vano. E non per ciò che non ci aveva detto: lo sapevamo bene di avere scavalcato, *a furia* d'impazienza e *by force*
170 di leggerezza, tanto la spiegazione quanto il mistero.

Ognuna di noi si sentiva distanziata da lei da un silenzio; breve, piccino; ma se una parola può essere ripresa, falsificata, sopraffatta, un silenzio come si fa a rintracciarlo, impossessandocene? Per quel suo essere
175 stata come un difficile silenzio in mezzo al nostro fatuo chiacchierio, diventava splendidamente lontana.

Il suo profilo delicato, si rilevava, affiorando dall'uniformità della fila schierata.

180   Troppo lunghe le gambe? Larga la bocca, piccoli gli occhi? Stretti i fianchi? D'una cosa sola eravamo certe: che la bellezza poteva consistere questa volta proprio in una certa sproporzione, in una certa disarmonia.

185   Che desiderio d'esserle vicine, piú vicine. Tutte le teste, al destr-riga, erano voltate verso di lei, che invece fissava davanti a sé, oltre l'insegnante, oltre la parete e il giardino, un fulgido nulla dove forse si delineava un disegno di labbra.

(da *Racconti italiani contemporanei*)

DOPO LA LETTURA

A. **Comprensione della lettura.** Risponda alle seguenti domande per narrare il racconto con parole proprie.

1. Chi sono le ragazze del racconto? Qual è la loro età? Dove sono? Chi aspettano?
2. Cosa ha portato Marisa a scuola? Di che tratta il fascicoletto? In che lingua è scritto?
3. Quali sono le caratteristiche fisiche di Marisa?
4. Cosa si mette a fare Marisa? Cosa fanno le sue compagne? Secondo il codice di bellezza, come dev'essere grande la bocca?
5. Cosa fanno le ragazze per vedere se la loro bocca e il loro viso corrispondono alle regole di bellezza del codice? Cosa dicono degli angeli? Cosa confonde le ragazze che non conoscono bene il francese?
6. Perché Marisa è al centro dell'attenzione delle amiche? Cosa fa una delle ragazze per essere più vicina a Marisa? Che posto occupa Marisa nella fila della classe di ginnastica?
7. Quando l'insegnante dice «Dietro-front», che posto occupa Marisa? Perché gli sguardi delle compagne sono tutti su di lei? Secondo le ragazze, in che consiste la bellezza di Marisa?

B. **Com'è Marisa?** Immagini di essere un amico/un'amica di Marisa e di rispondere alle domande di un ragazzo che vuole sapere com'è e vuole conoscerla. Prepari con un altro studente/un'altra studentessa un dialogo da presentare alla classe.

C. **Un nuovo codice di bellezza.** Prepari con l'aiuto di due o tre studenti/studentesse un nuovo codice di bellezza. Preparate due liste, una per la donna ed una per l'uomo, e dite quali sono le caratteristiche che rendono i due sessi attraenti. Poi confrontate le vostre liste con quelle di altri gruppi della classe e discutetele.

D. **Temi di discussione**

1. Secondo lei, che cos'è la bellezza? Se ha una propria definizione, la può applicare indistintamente a tutte le persone?

2. Discuta le caratteristiche di bellezza che interessano le adolescenti di questo racconto. Pensa che se fossero più adulte reagirebbero a questo codice allo stesso modo?

3. Commenti come l'autrice utilizza in questo racconto la bellezza nella natura per introdurre il concetto della bellezza femminile.

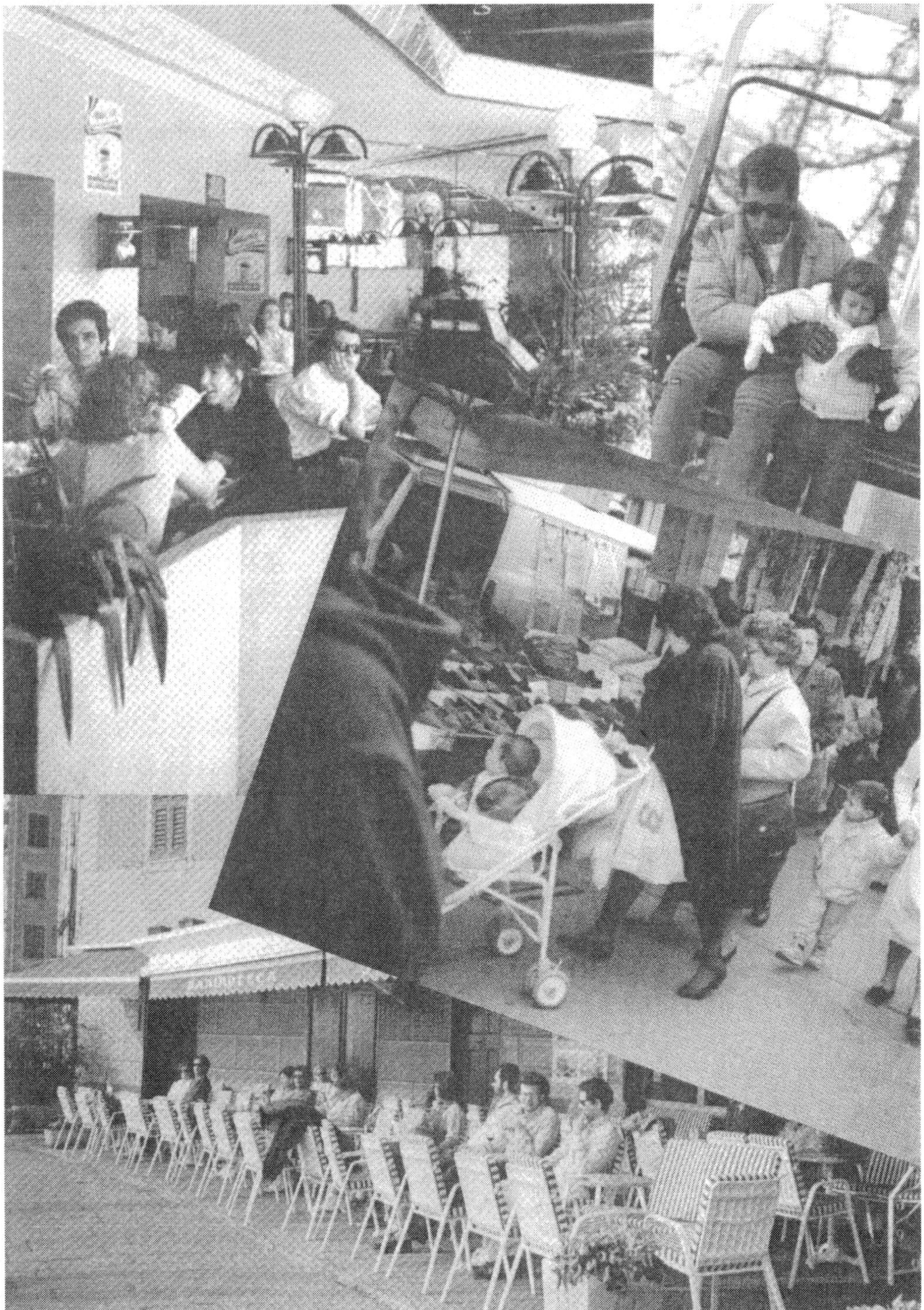

IV

GENERAZIONI DIVERSE

- ATTUALITÀ *Ridiamoci del lei,* Camilla Cederna
- RACCONTO *La caduta di Cafasso,* Piero Chiara
- RACCONTO *Del prendersela coi giovani,* Italo Calvino

Ogni generazione è unica e si differenzia molto da quella che la precede o la segue. Ovviamente questo modo diverso di pensare, di agire e di vivere causa conflitti continui tra persone di età diversa.

La società in cui oggi viviamo mette in evidenza molto bene queste differenze. Spesso, non appena la classe politica approva una nuova legge, c'è la protesta dei lavoratori più giovani e più ribelli. Se la scuola o l'università continuano ad andare avanti senza cambiamenti, ecco che gli studenti contestano le istituzioni ed i professori. Ogni fascia sociale rispecchia età diverse ed è sempre pronta a discutere i vantaggi e gli svantaggi delle leggi, dei regolamenti e dei costumi sociali.

Anche la famiglia tipica italiana è ricca di conflitti e contraddizioni. Spesso più di una generazione abita sotto lo stesso tetto e non è facile andare d'accordo. Il figlio discute con il padre, il padre non ascolta la nonna, la figlia non accetta i consigli del nonno, insomma c'è un continuo scambio di idee, di parole e di azioni diverse e contrarie.

«Ridiamoci del lei» di Camilla Cederna è appunto una presentazione precisa dei modi diversi di agire di due generazioni. Dalla mancanza di elementari norme di galateo alla facile disinvoltura nell'uso del tu, l'autrice mette argutamente in risalto le differenze tra i modi di agire del passato e quelli del presente.

Piero Chiara invece in «La caduta di Cafasso» presenta il tipico padre di famiglia che tutto sa e da solo tutto vuole fare. Per lui i figli non hanno alcuna voce in capitolo *(have no say)*. Inutile dire che spesso e volentieri è proprio una tale persona che si mette nei pasticci.

«Del prendersela coi giovani» di Italo Calvino è tutto detto nel titolo stesso. Attraverso le riflessioni ed i pensieri di Palomar, il protagonista del racconto, l'autore mostra giovani e anziani che discutono fra di loro e si accusano a vicenda dei problemi di ogni giorno.

12

Ridiamoci del *lei*

CAMILLA CEDERNA

PRIMA DI LEGGERE

Parole ed espressioni

arrossire	to blush
fiondarsi	to plunge
il galateo	code of manners, etiquette
il gesto	gesture
il gusto	taste
la mancia	tip
le maniere	manners
l'ospite	guest, host
pretendere	to demand
ringraziare	to thank
ripristinare	to restore, re-establish
ritenere	to deem
smettere (di)	to give up, cease
spaventoso/a	frightful, dreadful
tentare (di)	to attempt (to)
il vicino	neighbor
villano/a	rude
dare del *tu*	to address familiarly

ridarsi del *lei*	to address each other again politely
rimettere a posto	to set in order
tornar di moda	to come back into fashion

A. La parola giusta. Scelga dall'elenco di destra la parola o espressione giusta per completare le seguenti frasi.

Secondo il galateo è importante:

1. avere buone _____
2. _____ le persone che ci fanno un favore
3. essere gentili con gli _____
4. dare la _____ al cameriere
5. _____ alle persone che non si conoscono molto bene
6. scrivere un _____ a chi ci ha invitato a pranzo o a cena
7. avere l'_____ di salutare la gente
8. fare le cose con _____
9. rispettare il nostro _____
10. usare _____ di cortesia verso gli anziani

a. mancia
b. buon gusto
c. dare del **lei**
d. gesti
e. maniere
f. vicino
g. ringraziare
h. abitudine
i. ospiti
j. biglietto di ringraziamento

B. Le buone maniere. Domandi ad un altro studente/un'altra studentessa quali delle seguenti situazioni rivelano le buone maniere.

1. fiondarsi sul gelato di un amico
2. raccogliere i libri di una compagna di scuola
3. ringraziare la persona che ci riceve in casa
4. dare del **tu** al professore

5. pretendere un regalo per il compleanno
6. guadagnarsi la stima dei compagni di scuola
7. scrivere un biglietto di ringraziamento con brutta grafia
8. rimettere a posto la stanza di un amico
9. smettere di parlare quando il professore entra in classe
10. tentare di aiutare il vicino di casa
11. invadere con molti amici la casa della zia in campagna
12. declinare l'invito di matrimonio di un caro amico

C. **Il galateo.** Completi le seguenti frasi con la forma corretta della parola appropriata fra quelle indicate tra parentesi.

1. Molte persone _____ (mancare, decifrare) di buon gusto nelle loro attività giornaliere.
2. Gesti _____ (improvviso, villano) sono ormai molto comuni.
3. _____ (Arrossire, Giurare) non è più di moda, specialmente tra i giovani.
4. I ringraziamenti sono sempre più _____ (peccaminoso, scarso).
5. Tutti dicono che _____ (l'improvviso, lo spaventoso) ritmo della vita di oggi è la causa di tutto ciò.
6. In qualche modo bisogna _____ (risuscitare, rimediare) a questa situazione.
7. _____ (Momentaneamente, Ultimamente) molte persone sono d'accordo su di questo.
8. Forse è necessario _____ (ripristinare, fiondarsi) le regole del galateo.
9. Le buone maniere devono _____ (pretendere, tornare di moda).

Ridiamoci del *lei*

CAMILLA CEDERNA

Sull'autore

Camilla Cederna fa la giornalista da molti anni. Nel 1945 aiutò a fondare la rivista «L'Europeo». Poi ha collaborato anche all'«Espresso» e a «Panorama». La Cederna ha scritto anche vari libri su fatti ed aspetti dell'Italia e su vari personaggi celebri. Fra i suoi libri ricordiamo Fellini 8½ (1963), Maria Callas (1968), Casa nostra (1983) *e* De gustibus (1986). *In quest'ultimo libro, la giornalista esamina con occhio critico i costumi degli Italiani in questi ultimi anni. Nel brano «Ridiamoci del lei», tratto da questo libro, la giornalista esorta gli Italiani a tornare ad un certo livello di formalità nei rapporti sociali.*

LETTURA

Un nuovo galateo? Cominciamo col cancellare le cattive maniere di oggi. Basta con *le cene in piedi*. Piatto *pensile* in una mano, il bicchiere nell'altra, le posate che oscillano, perché inevitabilmente i bicchieri *si ro-*
5 *vesciano* o si rompono o lasciano l'impronta sul pianoforte o sui tavolini *laccati*.

    Arrivano gli amici che magari li rovesciano anche loro, ma tentano di rimediare raccogliendo cocci e asciugando *la moquette*, e ci sono poi gli inevi-
10 tabili «*imbucati*» sconosciuti che spengono la cicca nel gelato o nel piatto momentaneamente abbandonato da un ospite che è andato in cerca di pane. Ultimamente una mia amica, tre giorni dopo la festa, molestata da un odore insolito, più puzza che odore, ha
15 trovato una fetta di polpettone tra due libri in uno scaffale. Dopo ogni cena in piedi ci vorrebbe la gaddiana impresa di pulizie Speranza[1] per rimettere a posto tutto.

stand-up dinners
held
overturn

varnished

wall-to-wall carpet
uninvited guests

---

[1] referenza a un personaggio fittizio creato dallo scrittore italiano Carlo Emilio Gadda

Basta anche «*col sorso, il tiro, il morso*»: cioè i [20] vicini al ristorante che si fiondano sul tuo piatto a prendere quello che *gli fa voglia*, assaggiano il tuo vino, ti strappano la sigaretta di bocca (si tratta soprattutto di chi giura di aver smesso di fumare).

Perché poi la gente oggi trova elegante non ringraziare [25] mai dei regali (lo si può fare con una telefonata se non si ha voglia di scrivere un biglietto)? Perché, invece di scegliere sul posto un modesto albergo, è *invalsa* l'abitudine di invadere le case di amici, al mare o in montagna o a Parigi, e l'ospite poi [30] se ne va lasciando sessantamila lire di telefonate intercontinentali e neanche un ringraziamento (la vecchia mancia) alla domestica che *l'ha accudito*?

Perché i giovani hanno una grafia così spaven-

the sip, the drag, the bite

vogliono

prevalent

has attended

tosa? Non si pretende certo la calligrafia di una volta, 35 tipo *Sacro Cuore*, tutta tonda, oppure inclinata alla francese, ma decifrare un loro scritto è come studiare un incunabolo, e quanto all'*ortografia*, niente puntini sulle *i*, niente acca davanti alle voci del verbo *avere*, le emme con due zampe, le enne con una, eccetera. *Sacred Heart School*

spelling

40   Tra le buone maniere da ripristinare: il «lei» che non si usa più. Perché tutti devono darti del «tu»? Il «tu» non è peccaminoso, né villano, ma bisogna conoscersi meglio perché venga naturale e lo si accetti con piacere.

45   Poi, secondo le ragazze giovani dovrebbe tornar di moda il «*corteggiamento*» che non si usa più. All'amore ormai manca quella fase di preludio, tremore, aspettativa, ansia e richiamo a cui hanno rinunciato per molti anni, *vigendo* la fretta, lo scarso col50 loquio, la scelta estemporanea, l'improvvisa libertà. *courting*

reigning

Tra i gesti *ritenuti* un tempo di cattivo gusto riguardo al galateo della tavola, è necessario risuscitarne uno: controllare il conto al ristorante, chiedere ragione di ogni scarabocchio, *confrontandolo* con 55 quanto si è mangiato. E attenzione che la data non sia sommata al conto. Ci si guadagna sempre e, incredibile a dire, si guadagna anche la stima del trattore. (Al tempo di Toscanini, quando dopo teatro il Maestro andava a cenare al Savini, non si usava verificare il 60 conto; ma una volta, *incuriosito*, egli chiese cos'erano quelle ottocento lire *accanto* alla scritta «s.l.v.l.v.», e il cameriere, arrossendo, rispose: «Scusi Maestro, vuol dire *se la va la va*»; se uno non se ne accorge . . .»). *considered*

comparing it

made curious
vicino

if it goes it goes

(da *De gustibus*, Mondadori, 1986)

DOPO LA LETTURA

A. **Domande.** Risponda alle seguenti domande sulla lettura.

1. Quali sono alcune cattive maniere di oggi?
2. Quali sono alcuni inconvenienti delle cene in piedi?

3. Dopo aver fatto una festa, che cosa trova fra i suoi libri un'amica della scrittrice?
4. Quali sono le cattive abitudini che hanno alcuni amici quando si mangia al ristorante?
5. Che cosa non si usa fare oggi quando si riceve un regalo?
6. Com'è la calligrafia dei giovani di oggi?
7. Secondo la Cederna, che cosa è necessario ripristinare nella società di oggi?
8. Quando è appropriato darsi del **tu**?
9. Che cosa manca nell'amore fra i giovani di oggi?
10. Quale abitudine è necessario ripristinare quando si va a mangiare al ristorante?
11. Che aneddoto su Toscanini racconta la scrittrice?

B. **Comprensione della lettura.** Secondo il contenuto della lettura, le seguenti frasi possono essere completate in vari modi. Li indichi.

1. Un esempio che riflette le cattive maniere di oggi è _____.
    a. la fetta di polpettone lasciata da un invitato tra due libri nello scaffale
    b. mangiare un pranzo intero in piedi
    c. spegnere la sigaretta nel piatto
    d. invitare gli amici a cena
    e. prendere il cibo dal piatto degli altri
    f. offrire una sigaretta ad un amico

2. Oggi la gente è molto scortese perché _____.
    a. non scrive biglietti di ringraziamento
    b. non riceve molti regali dalla famiglia
    c. non dà la mancia quando è necessario
    d. non telefona alla domestica
    e. invade la casa degli amici quando potrebbe benissimo andare in albergo
    f. non ringrazia né per lettera né per telefono

3. Secondo l'autrice della lettura, i giovani di oggi _____.
    a. scrivono molto chiaramente
    b. hanno una grafia molto elegante

c. scrivono male
d. fanno errori di ortografia
e. non mettono i puntini sulle **i**
f. hanno una calligrafia tonda

4. Nei rapporti romantici fra i giovani di oggi manca _____.
   a. il preludio
   b. la libertà
   c. il corteggiamento
   d. il cattivo gusto
   e. il colloquio
   f. l'ansia

5. Controllare il conto al ristorante _____.
   a. oggi è necessario
   b. non è importante perché è sempre giusto
   c. una volta era considerato di cattivo gusto
   d. è importante quanto controllare la data
   e. significa chiedere ragione degli scarabocchi del cameriere
   f. deve essere parte del galateo di oggi

C. **Il galateo.** Insieme ad un altro studente/un'altra studentessa prepari dieci regole del galateo da presentare poi alla classe.

D. **Temi di discussione**

1. Discuta se possono coesistere le regole del galateo con la vita informale di oggi.
2. Nella cultura italiana c'è una distinzione tra l'uso del **tu** e del **lei** quando si parla con altre persone. A lei sembra giusta questa usanza? Perché?
3. Discuta se il corteggiamento è ancora oggi necessario in una relazione d'amore tra due persone.

13

La caduta di Cafasso

PIERO CHIARA

PRIMA DI LEGGERE

Parole ed espressioni

allontanarsi	*to go away*
l'alpinista	*mountain climber*
avvertire	*to notify*
la borraccia	*water bottle*
la caduta	*fall*
il coniuge	*spouse*
la discesa	*descent*
disperso/a	*missing*
il famigliare	*family member*
le ferie *(pl.)*	*vacation*
gonfio/a	*swollen*
iniziare	*to begin*
inverosimile	*unlikely*
il parere	*opinion*
il portafogli	*wallet*
precipitare	*to tumble down*
prenotare	*to reserve*
la ricerca	*search*
il rischio	*risk*

126 Generazioni diverse

salire	to climb
scendere	to descend
sconcertato/a	disconcerted
la seggiovia	(ski) lift
il sentiero	path
andata e ritorno	going and coming back, round-trip
il pronto soccorso	first-aid

A. **Associazioni.** Dica con quali parole o espressioni di destra lei associa le seguenti frasi o definizioni.

1. periodo di vacanze
2. Serve per metterci l'acqua.
3. È il marito o la moglie.
4. Preferisce scalare le montagne.
5. Lo usiamo per metterci i soldi.
6. È una via piccola, stretta e primitiva.
7. Luogo dove andiamo quando ci facciamo male.
8. È un tipo di biglietto per viaggiare.
9. Guida una macchina sportiva.
10. impianto *(installation)* di salita in montagna

a. il pronto soccorso
b. andata e ritorno
c. l'alpinista
d. la seggiovia
e. le ferie
f. il portafogli
g. il sentiero
h. il pilota
i. il coniuge
j. la borraccia

B. **Le ferie in montagna.** Completi le seguenti frasi con il *nome* o *l'aggettivo* derivato dalle parole indicate.

1. La **famiglia** di Diana parte per le ferie, ma non tutti i _____ vanno in montagna.
2. Diana **insiste** che Sergio vada con lei. La ragazza è così _____ che alla fine Sergio decide di partire.

La caduta di Cafasso 127

3. A Sergio **pare** facile salire su tutti i pendii, ma Diana non è dello stesso _____.
4. Diana dice a Sergio che non possono **rischiare** di rotolare a valle, ma Sergio risponde di non aver paura perché non ci sono _____.
5. Sergio è un giovane molto **responsabile** ed ha un grande senso di _____ verso Diana.
6. Quando Diana vuole salire su una roccia per vedere il panorama, il giovane **disapprova.** Nonostante la _____ di Sergio, Diana sale lo stesso sulla roccia.
7. Diana è, come al solito, molto **prudente,** ma, come dice il proverbio, «la _____ non è mai troppa».
8. Infatti mentre Sergio le raccomanda di non **cadere,** Diana fa una bella _____.
9. Un po' più tardi i due giovani vanno **in cerca** di fragole di bosco e durante questa _____ raccolgono anche dei bellissimi fiori.
10. Nel tardi pomeriggio **scendono** a valle e fanno tutta la _____ a piedi.

C. **Un segreto.** Completi il seguente brano con la parola appropriata fra quelle tra parentesi.

Giovanni ha un _____ (rischio, segreto, coniuge). Ieri, mentre era alla _____ (guida, parere, seggiovia) della sua motocicletta in un _____ (anziano, alpinista, sentiero) di montagna, ha investito un orsacchiotto *(ran over a bear cub).* _____ (Disperso, Sconcertato, Gonfio) da quell'incidente _____ (muto, pronto, inverosimile), Giovanni ha tentato di _____ (raggiungere, raccogliere, rotolare) il paese vicino per _____ (prenotare, avvertire, scendere) le autorità.

Sfortunatamente, mentre _____ (iniziava, cadeva, si allontanava), è caduto e la sua motocicletta è _____ (precipitata, sconcertata, insistita) giù per un pendìo. _____ (Disperato, Inverosimile, Disperso) si è alzato e ha _____ (iniziato, raccolto, ottenuto) un lungo viaggio a piedi verso il pronto soccorso.

La caduta di Cafasso

PIERO CHIARA

Sull'autore

Piero Chiara faceva il professore di lettere durante gli ultimi anni del governo fascista in Italia, ed insegnò per vari anni a Zurigo. Questo scrittore, nato a Luino sul Lago Maggiore nel 1913 e morto a Varese nel 1986, ha scritto molti romanzi, racconti e saggi. Una delle sue collezioni di racconti pubblicata dopo la sua morte è Di casa in casa, la vita, *da cui è tratto «La caduta di Cafasso». In questo racconto il Chiara narra un'avventura dell'anziano Cafasso, un ridicolo, prepotente ed avido patriarca che non vuole arrendersi.*

LETTURA

Dalla calura insistente del basso Piemonte, dai vapori *padani* che gravano sulla sua città e l'avvolgono d'un velo soffocante, il signor Cafasso è *emerso*, al volante della sua *«famigliare»* sulla quale, dopo aver chiuso il
5 negozio per ferie, aveva caricato la moglie, il figlio *trentenne*, la figlia, il genero e il nipotino di cinque anni.
 Il signor Cafasso non cede mai la guida al figlio o al genero. Nonostante i suoi sessant'anni si sente il
10 miglior pilota della famiglia e vuole, sulla strada come in negozio, che tutte le responsabilità si *assommino* nella sua persona.
 Circondato dalla muta disapprovazione di tutta la famiglia, il signor Cafasso arrivò a Pont-St.-Martin

della valle del Po
emerged
macchina di famiglia

di trenta anni

weigh

¹⁵ e svoltò bravamente verso la valle del Lys aggredendo le rampe *a denti stretti*.   ferocemente

All'ora stabilita la «famigliare» era ferma davanti all'alberghetto dove aveva prenotato due camere per otto giorni. Due camere soltanto: una *matrimoniale* col   camera doppia
²⁰ terzo letto dove avrebbe dormito il figlio trentenne e l'altra per i coniugi giovani, pure col terzo letto per il bambino. Il figlio, già anziano, si sottometteva ogni anno per otto giorni ad essere considerato un bambino e a dormire coi genitori, tanto gli sarebbe parso
²⁵ scandaloso gravare sulla spesa con una camera tutta per sé.

Il giorno dopo cominciarono le passeggiate famigliari. Il signor Cafasso, vestito *da Tartarino*, un   come un Tartaro grosso bastone alla mano e gli scarponi con le punte
³⁰ voltate in su, apriva la marcia. Tutte le mete comprese

nel giro di un paio d'ore, fra andata e ritorno, furono raggiunte durante i primi giorni. Restava ormai da affrontare il problema della seggiovia.

«Seicento lire a persona andata e ritorno» diceva il signor Cafasso a tavola dopo aver accettato di discutere il problema. «Sei per sei trentasei: tremilaseicento lire!»

Nonostante l'enormità della somma, o piuttosto dello spreco, il signor Cafasso decise per *l'indomani*: «Domani tutti alla Punta Jolanda!».   *il giorno dopo*

Alle nove del mattino, dopo aver tentato invano di ottenere uno sconto presentando la fila di cinque famigliari, Cafasso acquistò i biglietti e per primo si preparò sulla predella, *in attesa* che il sedile lo raccogliesse per portarlo quasi *in volo* ai piedi del Monte Rosa.   *aspettando* / *flying*

Uno dopo l'altro i membri della famiglia furono depositati alla stazione di arrivo. Non restava che tornare indietro dopo aver guardato il panorama, dal momento che il bar *appollaiato* sopra una roccia era stato senz'altro scartato. Ma tutti furono d'accordo circa il fatto di passare almeno un'ora in altitudine, e cominciarono *a spargersi per i pascoli*, avviandosi chi per un sentiero chi per un altro.   *perched* / *to spread around the pastures*

Quando venne l'ora di scendere, il signor Cafasso non spuntò. Si *era eclissato,* forse in cerca di un luogo comodo o per mettersi in un angolo remoto a prendere il sole.   *era scomparso*

Con l'aiuto di un garzone del bar e di un gruppo di alpinisti che ritornavano dal lago Gabiet, vennero iniziate le ricerche. Tutta la zona fu ispezionata. La moglie, disperata, guardava il pendio verso nord, sempre più convinta che il marito fosse rotolato nella valle. La cosa era inverosimile e *prevalse* il parere degli alpinisti: che il signor Cafasso fosse disceso con la seggiovia senza avvertire nessuno. *Il manovratore* infatti telefonò alla stazione di partenza e riferì che un signore del tipo del disperso era arrivato *in basso*. Un po' sconcertati i cinque discesero.   *prevailed* / *driver* / *below*

All'arrivo seppero che il loro *congiunto* era in   *parente*

effetti disceso, ma a piedi, lungo il ripido sentierino che seguiva serpeggiando *i piloni* della seggiovia, e in modo tale che appena giunto aveva dovuto essere collocato su una barella e avviato al posto di pronto
75 soccorso alpino. Lo trovarono nudo, nelle mani di un *infermiere* che lo stava incerottando e pennellando con la tintura di iodio. Contusioni ed escoriazioni alla testa, al viso, alle spalle, ai gomiti, alle ginocchia e alle mani; un occhio blu, due bitorzoli in fronte e un polso
80 lussato. Nessuno riuscì a far parlare il signor Cafasso che *mugolava come un bue.*

    Quando fu portato all'albergo e disteso nel suo letto, ricominciarono le domande dei famigliari. Nessuno riusciva a capire perché, con tutta la sua pru-
85 denza, si fosse messo al rischio di una simile discesa. Ma *l'interpellato* non parlava. Si limitava a rievocare le cadute: «Sei cadute» diceva *piagnucolando* «il doppio di quelle di Gesù sotto la croce! Alla terza una frana di sassi sulla testa e alla quinta uno *sdrucciolone* di pa-
90 recchi metri, fin contro un tronco di pino che per fortuna mi ha fermato!».

    «Ma perché? Ma perché» chiedeva la moglie torcendosi le mani. «Avevi il biglietto di andata e ritorno! Cosa ti è venuto in mente?»
95   A turno il figlio, la figlia, il genero e perfino il nipotino gli andavano vicino e chiedevano: «Ma perché? Ma perché?».

    Finalmente il signor Cafasso proruppe: «Se l'ho fatto, alla mia età, un perché ci sarà stato!».
100   Il perché sarebbe rimasto un segreto se non si fosse presentato dopo cena un giovane a chiedere se il signor Cafasso non avesse trovato, nella discesa, una borraccia che il giovane diceva di aver perduto scendendo per lo stesso sentiero poco prima, per racco-
105 gliere un portafogli che gli era caduto salendo in seggiovia.

    «La borraccia!» urlava il Cafasso. «Mi viene a chiedere la borraccia! No. Non ne ho trovate di borracce! Non ho trovato niente del tutto!»
110   Uscito il giovane il povero Cafasso confessò: sa-

132 Generazioni diverse

lendo in seggiovia, all'altezza del pilone numero 17, aveva scorto sotto di sé un portafogli gonfio, certamente caduto a qualcuno che lo precedeva. Senza dir nulla, appena arrivato si allontanò dai famigliari e
115 prese il sentiero del ritorno convinto di poter raccogliere il portafogli. Purtroppo il pendío era risultato terribile, al punto che alcune volte rischiò di precipitare.

Inutile dire che quel «*magrone*», quella «faccia di *skinny face*
120 ladro» che era venuto a chiedere della borraccia, era sceso prima di lui e aveva già raccolto il portafogli.

(da *Di casa in casa, la vita*)

DOPO LA LETTURA

A. **Comprensione della lettura.** In ciascuno dei seguenti gruppi ci sono due risposte corrette. Indichi quali sono.

1. Il signor Cafasso era _____.
   a. di una città del Piemonte
   b. un giovane uomo
   c. proprietario di un negozio

2. Il signor Cafasso passa le ferie _____.
   a. al mare
   b. in montagna
   c. con i suoi famigliari

3. Il signor Cafasso e la sua famiglia vanno in ferie _____.
   a. in treno
   b. tutti insieme
   c. in macchina

4. Al signor Cafasso piace assumersi tutta la responsabilità _____.
   a. della guida
   b. dell'albergo
   c. del negozio

5. La famiglia del signor Cafasso è composta di _____.
   a. sei persone

b. lui, la moglie, il figlio e la figlia con il proprio marito e figlio
   c. lui e sua moglie
6. Il signor Cafasso aveva _____.
   a. una moglie quarantenne
   b. un figlio trentenne
   c. un nipote di cinque anni
7. In albergo il figlio trentenne _____.
   a. deve dormire nella camera dei suoi genitori
   b. non può avere una camera tutta per sé
   c. dorme in una camera insieme con il nipotino
8. La famiglia del signor Cafasso _____.
   a. non usciva mai dall'albergo
   b. faceva passeggiate tutti i giorni
   c. prese la seggiovia per raggiungere i piedi del Monte Rosa
9. Quando arrivò l'ora di prendere la seggiovia per tornare in albergo _____.
   a. il signor Cafasso non era lì
   b. c'erano tutti i famigliari meno il signor Cafasso
   c. il signor Cafasso era con la sua famiglia
10. Senza dire niente a nessuno, il signor Cafasso aveva deciso di _____.
    a. non prendere la seggiovia
    b. restare nel bar che era sulla roccia
    c. tornare giù a piedi
11. Durante la discesa giù per il ripido sentiero il signor Cafasso _____.
    a. incontrò un giovane alpinista
    b. si era fatto male su tutto il corpo
    c. era caduto sei volte
12. Il perché della discesa a piedi del signor Cafasso _____.
    a. era dovuto al fatto che dalla seggiovia aveva visto un portafogli e voleva raccoglierlo
    b. era dovuto al fatto che voleva fare ancora un po' di esercizio fisico
    c. è chiaro quando un giovane viene a domandargli se durante la discesa ha trovato la sua borraccia

B. **Un minidramma.** Insieme a due o tre studenti/studentesse prepari un minidramma fra il signor Cafasso e la sua famiglia mentre sono al pronto soccorso. Includa le seguenti battute nel minidramma.

1. Cosa ti è successo?
2. Ma avevi il biglietto di andata e ritorno!
3. Ho fatto più cadute di Gesù sotto la croce.
4. Ma perché? Perché l'hai fatto?
5. Non capisco cosa ti è venuto in mente!

C. **Temi di discussione**

1. Discuta la figura del signor Cafasso come padre di famiglia. Ama la sua famiglia? È troppo autoritario? Le piacerebbe avere un padre come lui? Perché?
2. Analizzi come l'autore descrive il signor Cafasso. Ha simpatia verso di lui? Lo rende ridicolo? Spieghi.
3. Descriva la scena del pronto soccorso e includa l'aspetto fisico del signor Cafasso e il suo comportamento.
4. Spieghi perché il signor Cafasso non vuole rivelare alla sua famiglia il motivo della sua discesa a piedi. Spieghi anche il motivo del suo risentimento verso il «magrone».

14

Del prendersela coi giovani

ITALO CALVINO

PRIMA DI LEGGERE

Parole ed espressioni

accorgersi	*to notice*
attirare	*to attract*
il cambiamento	*change*
chiarire	*to clarify*
il comportamento	*behavior*
il consiglio	*advice*
la critica	*criticism*
l'impronta	*mark, imprint*
inconsapevole	*unaware*
l'insofferenza	*intolerance*
obbligare	*to compel*
la questione	*subject, issue*
il rimprovero	*reproach*
rivolgere	*to address, to turn (to)*
sconosciuto/a	*unknown*
trovarsi	*to find oneself*
la verità	*truth*

dare retta	*to pay attention*
prendersela con (qualcuno)	*to blame (someone), to be mad at (someone)*

A. **Contrasti fra generazioni.** Completi le seguenti frasi con un *nome* derivato dalle parole indicate.

1. È **difficile** per gli anziani capire i giovani. Le _____ sono dovute alla differenza di età.

2. I giovani **contraddicono** spesso gli anziani. Nei loro rapporti ci sono molte _____ .

3. Spesso i giovani vogliono **cambiare** i costumi tradizionali, ma non tutti i _____ sono di facile attuazione.

4. Gli anziani **consigliano** ai giovani di non avere molta fretta, ma spesso i loro _____ non vengono ascoltati.

5. Anzi i giovani **criticano** tutto e tutti. Le loro _____ non risparmiano alcun settore della società.

6. Nelle loro richieste i giovani non si **comportano** sempre in modo coerente. Il loro _____ è vario e cambia secondo le circostanze.

7. Ogni tanto persone **autorevoli** cercano di aiutare i giovani a risolvere questo conflitto fra generazioni diverse, ma la loro _____ non è sufficiente.

B. **Contrari.** Completi i seguenti minidialoghi con il *contrario* delle parole indicate.

1. —È **conosciuto** questo cantante americano in Italia?
   —No. È completamente _____ .

2. —Pensi che i giovani siano **irresponsabili?**
   —Secondo me, la maggior parte di loro è _____ .

3. —Questo spettacolo attira solo i **giovani**?

   —No, piace anche agli _____.

4. —Mi hai detto una **bugia** ieri?

   —No, ti ho detto tutta la _____.

5. —Anche tu hai avuto un'esperienza **uguale** alla mia?

   —No. Ho avuto un'esperienza molto _____.

6. —Erano **consapevoli** di quello che facevano?

   —No, erano del tutto _____.

7. —Accettano questa situazione con molta **tolleranza**?

   —No. La loro _____ è più che evidente.

C. **Definizioni.** Combini le seguenti definizioni con le parole riportate a destra.

   1. sinonimo di **lingua**   a. l'eredità
   2. un periodo di tempo   b. la generazione
   3. il contrario di **reversibile** c. la questione
   4. identifica un'età diversa   d. l'impronta
   5. nome che deriva da **distante** e. il linguaggio
   6. si lascia agli eredi   f. il rimprovero
   7. viene dato a chi sbaglia   g. l'epoca
   8. un argomento da discutere   h. irreversibile
   9. la lascia il piede sulla sabbia i. la distanza

D. **Giovani ed anziani.** Completi le seguenti frasi con la forma appropriata di uno dei verbi fra parentesi.

   1. I giovani non _____ (dare retta, influire) agli anziani.

   2. Molti anziani _____ (trasmettere, accorgersi) dell'indifferenza dei giovani.

3. Alcuni di loro _____ (chiarire, prendersela) con la generazione più giovane.
4. Non è facile _____ (attirare, trovarsi) l'attenzione di tutti su questa questione.
5. Spesso tutto _____ (rivolgere, dipendere) dalla buona volontà della gente.
6. È necessario _____ (obbligare, raggiungere) una soluzione accettabile a tutti.

Del prendersela coi giovani
ITALO CALVINO

Sull'autore

Negli ultimi anni della sua vita, Italo Calvino scrive principalmente sulla confusione e sul disordine del mondo moderno, che non è facilmente comprensibile. Alcune delle sue ultime opere che raccolgono queste sue riflessioni sono Palomar, Collezione di sabbia *e* Cosmicomiche vecchie e nuove. Palomar *fu pubblicato nel 1983. Questo libro tratta delle esperienze di vita del protagonista, che si chiama Palomar.*

Questo personaggio non parla quasi mai, ma osserva tutto e riflette sui fenomeni che lo circondano. Esamina con attenzione gli esseri umani e la natura e cerca di interpretare i loro messaggi mentre lui rimane sempre taciturno. Da questo libro è tratto il brano «Del prendersela coi giovani», in cui Palomar considera i conflitti che sorgono fra due generazioni diverse.

(Per altre informazioni sulla vita di Italo Calvino, guardi a pagina 53.)

LETTURA

In un'epoca in cui l'insofferenza degli anziani per i giovani e dei giovani per gli anziani ha raggiunto il suo *culmine*, in cui gli anziani non fanno altro che accumulare argomenti per dire finalmente ai giovani
5 quel che *si meritano* e i giovani non aspettano altro che

apex

deserve

queste occasioni per dimostrare che gli anziani non capiscono niente, il signor Palomar non riesce a *spiccicare parola*. Se qualche volta prova a *interloquire*, s'accorge che tutti sono troppo infervorati nelle tesi che stanno sostenendo per dar retta a quel che lui sta cercando di chiarire a sè stesso.

    Il fatto è che lui piú che affermare una sua verità vorrebbe fare delle domande, e capisce che nessuno ha voglia di uscire dai *binari* del proprio discorso per rispondere a domande che, venendo da un altro discorso, obbligherebbero a ripensare le stesse cose con altre parole, e magari a trovarsi in territori sconosciuti, lontani dai *percorsi sicuri*. Oppure vorrebbe che le domande le facessero gli altri a lui; ma anche a lui piacerebbero solo certe domande e non altre: quelle a cui risponderebbe dicendo le cose che sente di poter dire ma che potrebbe dire solo se qualcuno gli chiedesse di dirle. Comunque nessuno *si sogna* di chiedergli niente.

    Stando cosí le cose il signor Palomar si limita a *rimuginare tra sé* sulla difficoltà di parlare ai giovani.

    Pensa: «La difficoltà viene dal fatto che tra noi e loro c'è un fosso incolmabile. Qualcosa è successo tra la nostra generazione e la loro, una continuità d'esperienze si è *spezzata*: non abbiamo piú *punti di riferimento* in comune».

    Poi pensa: «No, la difficoltà viene dal fatto che ogni volta che sto per *rivolgere* loro un rimprovero o una critica o un'esortazione o un consiglio, penso che anch'io da giovane mi attiravo rimproveri critiche esortazioni consigli dello stesso genere, e non li stavo a sentire. I tempi erano diversi e ne risultavano molte differenze nel comportamento, nel linguaggio, nel costume, ma i miei meccanismi mentali d'allora non erano molto diversi dai loro oggi. Dunque non ho nessuna autorità per parlare».

    Il signor Palomar *oscilla a lungo* tra questi due modi di considerare la questione. Poi decide: «Non c'è contraddizione tra le due posizioni. La soluzione di continuità tra le generazioni dipende dall'impossibilità di trasmettere l'esperienza, di far evitare agli altri

gli errori già commessi da noi. La vera distanza tra due generazioni è data dagli elementi che esse hanno in comune e che obbligano alla ripetizione ciclica delle
50 stesse esperienze, come nei comportamenti delle specie animali trasmessi come eredità biologica; mentre invece gli elementi di vera diversità tra noi e loro sono il risultato dei cambiamenti irreversibili che ogni epoca porta con sé, cioè dipendono dalla eredità sto-
55 rica che noi abbiamo trasmesso a loro, la vera eredità di cui siamo responsabili, anche se *talora* inconsape-   a volte
voli. Per questo non abbiamo niente da insegnare: *su*   about what looks more
ciò che più somiglia alla nostra esperienza non pos-   like
siamo influire; in ciò che porta la nostra impronta non
60 sappiamo *riconoscerci*».   to recognize ourselves

(da *Palomar*)

DOPO LA LETTURA

A. Domande. Risponda alle seguenti domande sulla lettura.

1. Che tipo di rapporti ci sono oggi fra i giovani e gli anziani?
2. I giovani che cosa pensano degli anziani?
3. Perché Palomar non riesce ad intervenire nelle discussioni?
4. Quale metodo userebbe Palomar per esprimere le sue idee?
5. Secondo Palomar, perché gli altri non risponderebbero alle sue domande?
6. A quali domande risponderebbe volentieri Palomar?
7. Secondo Palomar, che cosa divide i giovani dagli anziani?
8. Perché Palomar pensa di non avere nessun'autorità per manifestare il suo parere ai giovani?
9. Secondo Palomar, che cosa è impossibile trasmettere ai giovani? Perché?
10. Che cosa c'è di simile fra due generazioni? Che cosa c'è di diverso?
11. Secondo Palomar, perché gli anziani non hanno niente da insegnare?

B. **Vero o falso.** Indichi se le seguenti frasi sono vere o false secondo il contenuto della lettura. Corregga le frasi false.

1. Il signor Palomar si accorge della distanza che esiste fra lùi e i giovani.
2. Nel passato c'era l'insofferenza tra giovani ed anziani, ma oggi non c'è più.
3. Il signor Palomar riesce ad esprimere facilmente le sue idee sui giovani.
4. Invece di parlare, il signor Palomar riflette sulle cose da dire ai giovani.
5. Ci sono molti punti di riferimento in comune fra la generazione di Palomar e quella dei giovani.
6. Anche il signor Palomar da giovane riceveva critiche e rimproveri dagli anziani.
7. Il comportamento del giovane Palomar non era affatto diverso da quello dei giovani di oggi.
8. Secondo il signor Palomar, in quest'epoca i giovani parlano un altro linguaggio.
9. Ogni epoca è uguale e quindi non porta con sé grandi cambiamenti.
10. Secondo Palomar, la generazione degli anziani non ha niente da insegnare ai giovani.

C. **Dibattito.** Prepari con un altro studente/un'altra studentessa una lista di tre o quattro questioni che mostrano l'insofferenza tra la vostra generazione e quella degli anziani. Presentate poi le questioni alla classe e discutetele.

D. **Temi di discussione**

1. Descriva le difficoltà che Palomar ha nel comunicare con i giovani.
2. Palomar si lamenta che i giovani non gli danno retta. Ma riesce questo signore a capire i giovani? Spieghi.
3. Discuta su che cosa è veramente basata la distanza tra due generazioni diverse.

Vocabolario

This vocabulary contains the words and expressions included in the text under **Parole ed espressioni,** words and expressions in the pre-reading exercises, and words and expressions from the reading selections and introductory essays which may be unfamiliar to students. The meanings provided here correspond to the context in which the words are used in this text.

The following abbreviations are used in this vocabulary:

n.	noun		*pl.*	plural
m.	masculine		*v.*	verb
f.	feminine		*inf.*	infinitive
s.	singular			

A

l'abbuffata huge meal
abile able, skilled
abituare to accustom
abituarsi (a) to become accustomed (to)
l'abitudine *f.* habit, custom
accanto near
accettare to accept
accorgersi to notice
accuratamente accurately, carefully
l'acquirente *m.* buyer
acquistare to buy

affezionarsi (a) to grow fond (of)
affezionato/a affectionate
affidare to entrust
agire to act
l'agitazione *f.* agitation, unrest
aggressivo/a aggressive
l'aiola flower bed
l'albero tree
alimentare *adj.* alimentary, food
l'alimento nourishment, food
l'allegria gaiety
allontanarsi to go away

l'alpinista *m. & f.* mountain climber
alquanto somewhat
amabilmente amiably
ambientato/a set, settled in
amichevole friendly
l'amicizia friendship
ammirare to admire
l'ammirazione *f.* admiration
l'amore *m.* love
andare to go
   andare incontro to come across
   andare a genio to be to one's liking, to like
l'anima soul
l'animatore *m.* entertainer
annunciare to announce
l'anonimato anonymity
anonimo/a anonymous
anziano/a old; elderly person *n.*
appartenere to belong
l'appetito appetite
appoggiarsi (a) to lean (on)
l'apprensione *f.* apprehension
approfittare di to take advantage of
appunto just, exactly, precisely
arrabbiarsi to get angry
arrendersi to give up
l'arretratezza backwardness
arrossire to blush
l'asino donkey
astuto/a astute
l'astuzia shrewdness
attentamente attentively
l'attenzione *f.* attention
attirare to attract
l'autorità authority
avido/a eager, greedy
l'avvelenamento poisoning
l'avvenenza beauty
avvertire to notify
l'azienda firm, business
l'azione *f.* action, deed

B

baciare to kiss
i baffi moustache
balordo/a stupid
battere to beat, to defeat
la bellezza beauty
il benessere *m.* well-being
il biglietto card; ticket
biondo/a blond, blonde
il boccone *m.* bite
la borraccia water bottle
la bottega shop
il brano passage
bravamente bravely
il brivido shiver
brontolare to grumble
bruno/a dark-haired, brunette
buio/a dark
il buongustaio gourmet
il buonumore *m.* good mood

C

cadere to fall
la caduta fall
la calura heat
il cambiamento change
cambiare to change
il cambio gear
il canone *m.* canon
capace able, capable
capitare to happen
il capo head
il caporedattore *m.* editor-in-chief
il carattere *m.* disposition
caricare to load
caro/a dear, expensive
il cartolaio stationer
la casalinga housewife
la cavia guinea pig
celeste sky blue, heavenly
certamente certainly
il cesto basket
chiacchierare to chat, to gossip
chiarire to clarify
le ciglia *f. pl.* eyelashes
circondare to surround
la coda queue
il codice *m.* code
cogliere to gather
collocarsi to place oneself
la colpa blame

colpire to strike
il colpo blow
  di colpo all at once
combinare to combine, to match
  combinarne di ogni colore to get into all sorts of mischief
il commensale *m.* (fellow) guest
il commento comment
il comodino night table
la comodità convenience
il comportamento behavior
comportarsi to behave
il compratore *m.* buyer
comunicare to communicate
la comunicazione *f.* communication
concludere to conclude
condire to season, dress, add a sauce
condito/a seasoned
condividere to share
confidarsi to confide
la confidenza confidence
il conforto comfort
la confusione *f.* confusion
confuso/a confused
il coniuge *m.* spouse
consapevole aware
conservatore conservative
considerare to consider
il consiglio advice, suggestion
consistere to consist
consultare to consult
il consultorio consulting place
consumare to consume, to use
il consumo consumption
  i beni di consumo consumer goods
il contadino farmer, peasant
contento/a content
la contraddizione *f.* contradiction
la corrispondenza correspondence
il corteggiatore *m.* suitor
costringere to compel, to force
costui this (that) man
crescere to grow
cretino/a stupid
la critica criticism
criticare to criticize
il cuore *m.* heart

D

dannoso/a harmful
dare to give
  dare del *tu* to address familiarly
  dare retta to pay attention
il dato datum
debole weak
decifrare to decipher
decrepito/a decrepit
delicato/a delicate
il delinquente *m.* criminal
deliziosamente delightfully
il detto saying, maxim, proverb
la difficoltà difficulty
diffidente diffident
la diffidenza diffidence
la diminuzione *f.* reduction
dipendere to depend
dire to say, to tell
il disagio uneasiness
la disapprovazione *f.* disapproval
la disarmonia disharmony
il discapito detriment, damage
  a discapito di to the detriment of
la discesa descent
la discordia discord
disgraziato/a wretched
la disinvoltura ease
disperato/a desperate
disperso/a missing
disporre to have at one's disposal
la distanza distance
distratto/a distract
divertente amusing
il dono gift
la dote *f.* skill
il dubbio doubt
  senza dubbio without a doubt
duro/a hard

E

economico/a inexpensive
egregio/a dear (salutation used in a formal letter)
elastico/a elastic, flexible
emotivo/a emotional

l'energia energy
entrarci to have to do with
l'entusiasmo enthusiasm
l'epoca epoch, era
l'eredità heredity
l'esame *m.* exam
l'esaminatore *m.* examiner
l'esistenza existence
esistere to exist
l'esperienza experience
l'essere *m.* being
estroverso/a extrovert
l'evidenza evidence
   mettere in evidenza to point out
evitare to avoid

F

la faccenda thing, business
   le faccende domestiche housework
la faccia face
famigliare familiar
la familiare *f.* family car
fare to do, to make
   farcela to make it
   fare compagnia to keep company
   fare ingrassare to make fat
   fare un affare to make a deal
la fascia segment
il fascino charm
il fascismo fascism
il fastidio nuisance, bother
la fatica labor, hard work
faticare to toil
fatto/a made, done
   fatto/a apposta made especially
la favola fairy tale
le ferie *f. pl.* holidays, vacation
il fidanzato fiancé
fidarsi to rely on, trust
la filosofia philosophy
il filosofo philosopher
fingere (di) to pretend (to)
fiondarsi to plunge
fissare to stare
il foglietto slip of paper
forte strong

la fortuna fortune
il francobollo stamp
la frittata omelette
il fucile *m.* rifle
il fungo mushroom
   il fungo porcino pore mushroom
furbo/a cunning
il futuro future

G

il galateo code of manners, etiquette
geloso/a jealous
la generazione *f.* generation
il genere *m.* kind, type
germinare to germinate
il gesto gesture
il giorno day
   al giorno d'oggi nowadays
girare to go around
giudicare to judge
il giudizio judgment
giurare to swear
godere to rejoice, enjoy
la gola throat
gonfio/a swollen
la grafia handwriting
gratificante gratifying
gravare to weigh down
gridare to shout
guadagnare (guadagnarsi) to gain, to earn
il guaio trouble
la guancia cheek
la guida driving
la guidatrice *f.* (female) driver
il gusto taste

I

identico/a identical
ignobile ignoble, mean
ignorante ignorant
imbandito/a set (for a feast)
imbrogliare to cheat
imbucare to mail
immaginario/a imaginary
l'immagine *f.* image

l'immobilità immobility
impaziente impatient
l'impazienza impatience
l'imperfezione *f.* imperfection
l'importanza importance
l'imprecisione *f.* inaccuracy
impreciso/a inaccurate
l'impronta mark, imprint, fingerprint
improvvisamente suddenly
improvviso/a unexpected
in in
   in cerca di in search of
l'incanto spell, enchantment
inafferrabile elusive
l'inchiesta inquiry
l'incidente *m.* accident
l'inciviltà incivility, rudeness
inconsueto/a unusual
incurante indifferent
incuriosire to make curious
l'indagine *f.* inquiry
indicare to indicate
indifferente indifferent
ineducato/a impolite
influire to influence
ingannevole deceptive
ingenuo/a naive
ingrassare to gain weight
iniziare to begin
innamorarsi (di) to fall in love (with)
l'innamorato lover
l'innovazione *f.* innovation
inseguire to pursue, to chase
l'insieme *m.* whole
insistente insistent
l'insofferenza intolerance
insolito/a unusual
interrompere to interrupt
intimo/a intimate
intraprendere to undertake
invadere to invade
inventare to invent
inverosimile unlikely
investire to run over
invitare to invite
irrazionale irrational
irreversibile irreversible
ispezionare to inspect

L

laborioso/a hard-working
la lattina tin can
legare to tie
lento/a slow
il linguaggio language
liquidare to liquidate
liscio/a straight, smooth
lontano/a far
   da lontano from afar
la lotta fight
lungo/a long
   a lungo for a long time
il luogo place
   il luogo comune common place, platitude
lusingato/a flattered
il lustro period of five years

M

la mancanza lack
mancare (di) to lack
la mancia tip
la mania mania
le maniere *f. pl.* manners
il manovale *m.* laborer
mantenere to keep, to maintain
il maratoneta *m. s.* (i maratoneti *m. pl.*) marathon runner
il marxismo marxism
il mascalzone *m.* rascal
il maschilismo sexism
la massa mass
matto/a mad, crazy
maturare to ripen
medio/a average
mediocre mediocre
la mediocrità mediocrity
la merenda picnic, snack
mettere to place, to put
   mettere in soggezione to make someone feel uneasy
   mettere in risalto to emphasize
   mettere in evidenza to point out
   mettersi nei pasticci to get into trouble
la miseria misery

minacciare to threaten
minaccioso/a threatening
il mistero mystery
la modernità modernity
il modo way
  ad ogni modo anyway
la mostra display, show
  essere in mostra to be on display
mostrare to show
muto/a mute, silent

N

nascere to be born
  nascere con la camicia to be born with a silver spoon in one's mouth
naturalmente naturally
il nemico enemy
la neopatentata newly-licenced driver
i nervi *m. pl.* nerves
noioso/a boring
nonostante in spite of
normalissimo/a very normal
notevole remarkable
noto/a known
nutrire to nourish

O

obbligare to compel
l'obbligo obligation
obsoleto/a obsolete
odiare to hate
l'odore *m.* smell
offendere to offend
omonimo/a homonymous, of the same name
opporre to oppose
opprimere to oppress
orrendo/a horrendous
osare to dare
l'ospite *m.* guest, host
ottenere to obtain
ovunque everywhere

P

la paga pay
la palestra gymnasium

il panorama *m.* panorama
parere *v. m.* to seem, to appear
il parere *m.* opinion
il particolare *m.* detail
il passato past
passeggiare to stroll
paziente patient
peccaminoso/a sinful
la pelle *f.* skin
il pendío slope
il pendolare commuter
il pensiero thought
il perché *m.* the reason why
la perfezione *f.* perfection
perfino even
il personaggio personality
personalmente personally
il pettegolezzo gossip
il piacere enjoyment
piacevole pleasant
piantare to jilt
il piatto dish, plate
  il primo piatto first course
  il secondo piatto second course
il pilota *m.* driver
pilotare to drive
il pollice *m.* thumb
ponderare to ponder
popolare to crowd
il portafogli *m.* wallet
portare to bring, to carry
  essere portato/a per to have a bent (talent) for
il posto place
  il posto di guida driver's seat
il potere *m.* power
la precauzione *f.* precaution
precipitare to precipitate
la precisione *f.* precision
prelibato/a delicious
il premio prize
la premura thoughtfulness
prendere to take
  prendersela con qualcuno to blame someone, to be angry at someone
presentire to foresee, to anticipate
presuntuoso/a conceited
pretendere to demand

professionalmente professionally
il, la professionista *m. & f.* professional (person)
il profilo profile
proiettare to project
promettere to promise
pronto/a ready
  pronto soccorso first-aid
propenso/a inclined
il, la protagonista *m. & f.* protagonist, leading character
la prudenza prudence
la pubblicità advertising

Q

il quartiere *m.* neighborhood
la questione *f.* subject, issue
quindi therefore
quotidiano/a daily

R

raccogliere to pick up, to gather
il raccolto harvest
radicato/a rooted
radioso/a radiant
raggiungere to reach
rapido/a swift, quick
il rapporto relationship
reale real
il redattore *m.* editor
il reddito income
il regalo gift
rendere to render
responsabile responsible
la responsabilità responsibility
retrivo/a backward
il rianimatore *m.* paramedic
la ricerca search, research
ricevere to receive
richiedere to require
riconoscere to recognize, to admit
riconoscibile recognizable
il riconoscimento recognition
ricordare to remind
ricordarsi to remember
ricorrere to turn to

ridare to give back
  ridarsi del *lei* to address each other again politely
riflettere to reflect
rimediare to remedy
rimettere to set
  rimettere a posto to set in order
rimpiangere to regret, to lament, to miss
il rimprovero reproach, reprimand
il ringraziamento thanks
ringraziare to thank
rinunciare to renounce
ripido/a steep
riportare to bring back
ripristinare to restore, to re-establish
risalire to date back
rischiare (di) to risk
il rischio risk
riscoprire to rediscover
risentirsi to resent
riservato/a reserved
rispecchiare to reflect
risuscitare to resuscitate
ritenere to deem
rivolgere to address, to turn
rombante roaring
rompere to break
  rompersi to break up
  rompersi (il braccio) to break one's (arm)
rotolare to roll
la rottura breaking off, rupture
ruggente roaring
il rumore *m.* noise

S

il sacchetto bag
il salario salary
salire to climb
il sapore *m.* taste
saziare to fill up
scambiarsi to exchange
lo scambio exchange
scandire to pronounce distinctly
lo scapolo bachelor
scarso/a scarce

la scelta   choice
scemo/a   imbecile
scendere   to descend
lo schermo   (movie) screen
scherzare   to joke
lo scherzo   joke
lo schizzo   sketch
sconcertato/a   disconcerted
sconosciuto/a   unknown
lo scopo   purpose, aim
scoprire   to discover
la scusa   excuse
scusare   to forgive
sdegnato/a   irritated
seccato/a   annoyed, bored
la sedia   chair
   la sedia a sdraio   lounge chair
la seggiovia   (ski) lift
il segreto   secret
la sensazione *f.*   sensation
sensibile   sensitive
il sentiero   path
il sentimento   sentiment
separato/a   separate
serio/a   serious
servizievole   helpful
il sesso   sex
sfuggente   fleeting
sgradevole   unpleasant
lo sguardo   look, glance
significare   to signify
silenzioso/a   quiet
il simbolo   symbol
la sindrome *f.*   syndrome
la smania   desire
lo smarrimento   loss, bewilderment
smascherare   to unmask
smettere (di)   to give up, to cease
smodato/a   immoderate, excessive
smorzare   to dampen
la società   society
soffermarsi   to pause
sognare   to dream
solo   only; alone
   noi due soli   just the two of us
la solidarietà   solidarity
solidarizzare   to support one another
il sollievo   relief

sorbirsi   to be subject to, to put up with
sorgere   to rise
la sorpresa   surprise
sorridere   to smile
il sorriso   smile
sospettoso/a   suspicious
sostenere   to support
sottile   subtle
la spalla   shoulder
sparare (a)   to shoot (at)
lo spazzino   street sweeper
spaventoso/a   frightful, dreadful
la specie *f.*   kind
spiacevole   unpleasant
la sproporzione *f.*   disproportion
la squisitezza   exquisiteness, delicacy
stare   to be
   stare per (+ *inf.*)   to be about to
statistico/a   statistical
la stima   respect
strabiliante   bewildering
strillare   to scream
stupido/a   stupid
il sugo   sauce
lo svantaggio   disadvantage
la svolta   turn

T

il tabaccaio   tobacconist
tacere   to be silent
il tartufo   truffle
il taxista *m.*   taxi driver
il tempo   time, weather
   da tempo   for some time
tentare (di)   to attempt (to)
il timore   fear
tiranneggiare   to tyrannize, to oppress
toccare   to touch
togliere   to take away
tornare   to return, to come back
   tornar di moda   to come back into style
tramandare   to hand down
trascorrere   to spend (time)
la trasferta   transfer
trasmettere   to transmit
la treccia   braid

trovarsi to find oneself, to be located
il tubo tube
  il tubetto di dentifricio toothpaste tube
tutto/a all
  del tutto completely
  tutt'e due both
  tutt'a un tratto all at once, suddenly

U

ultimamente lately
umido/a humid
umile humble
umiliante humiliating
umiliare to humiliate
urlare to shout, to scream
l'utilitaria compact car

V

la vacanza vacation
valere to be worth
la valle *f.* valley
valorizzare to make valuable
il vantaggio advantage
vedere to see
la velocità speed
il venditore *m.* seller
verificarsi to occur
la vergogna shame
  che vergogna! what a shame!
la vicenda fact, happening
  a vicenda each other
il, la vicino/a *n.* neighbor
vicino (a) near
la vigna vineyard
villano/a rude
il vincolo bond, tie
la virtù virtue
vistoso/a gaudy
il viso face
vivere to live
la voce voice
  non avere voce in capitolo to have no say in the matter
il volante *m.* steering wheel
il volto face
volubile fickle
vuoto/a empty